Kinder machen Recyclingsachen

Emma Hardy

Kinder machen Recyclingsachen

35 kinderleichte Bastelideen

frechverlag

übersetzt von Karin Klappert

Redakteur Robin Gurdon
Grafiker Liz Sephton
Fotograf Debbie Patterson

Die englische Originalausgabe erschien 2008 unter dem Titel
„Green crafts for children" von Emma Hardy bei Cico Books, Ryland Peters & Small, Großbritannien.

Projekt-Management, Lektorat: Tina Herud
Übersetzung: Karin Klappert
Druck und Bindung in China

Auflage:	5.	4.	3.	2.	1.
Jahr:	2014	2013	2012	2011	2010

ISBN: 978-3-7724-5724-1
Best. Nr. 5724

Inhalt

Einleitung 6

Materialien und Grundtechniken 8

Gegenstände zum Sammeln 12

Salzteig 14

1 Buchstaben 16

2 Teeservice 18

3 Perlen 22

4 Salzteig zum Spielen 24

5 Früchte 26

6 Brosche 30

Pappmaché und Papier 32

7 Naturtinten 34

8 Schälchen 36

9 Masken 40

10 Puppenhaus 42

11 Blumen aus Seidenpapier 46

12 Pappsandalen 50

Recycling 52

13 Korken-Tiere 54

14 Gewebte Plastikfahnen und Wimpel 58

15 Jonglier-Tiere 62

16 T-Shirts mit Kartoffel- und Apfeldruck 64

17 Mobile 68

18 Filzperlen 70

19 Gefilzte Tasche 72

20 Handpuppen aus alten T-Shirts 74

Aus der Natur 76

21 Eierschalen-Mosaikspiegel 78

22 Walnuss-Babys 80

23 Tannenzapfen-Tiere 84

24 Kürbis-Tiere 86

25 Feen aus getrockneten Blumen 90

26 Bemalte Steine 92

27 Treibholz-Spiel 94

28 Boote aus Treibholz 96

Textilien 98

29 Handschuh-Monster 100

30 Stoffblumen-Brosche 102

31 Pompon-Raupe 104

32 Freundschaftsbänder 108

33 Hund als Zugluftstopper 112

34 Wäscheklammer-Puppen 116

35 Stricklieselblume 120

Vorlagen 124

Index 127

EINLEITUNG

Kinder sind gerne kreativ. Geben Sie ihnen Materialien in die Hände und sie werden stundenlang Spaß daran haben, alle möglichen fantastischen Objekte zu erschaffen. Durch die Verwendung von natürlichen und wiederverwertbaren Materialien und Gebrauchsgegenständen zielt dieses Buch darauf ab, die Kreativität und Vorstellungskraft der Kinder zu fördern.

In einer Zeit, in der die Hauptfreizeitbeschäftigung von Kindern häufig aus Computerspielen und Fernsehen besteht, kann Basteln ein perfektes Gegengewicht bilden, das Kreativität, bessere Fingerfertigkeit und Geduld fördert. Umweltfreundliches Basteln kann Kinder motivieren, sich draußen umzuschauen und sich für ihre Umgebung zu interessieren. Der Gebrauch von natürlichen Materialien kann auch dazu beitragen, ein Bewusstsein für Umweltprobleme zu entwickeln – Kinder können lernen, dass es Spaß macht, Dinge zu recyceln und die Umwelt bewusst wahrzunehmen.

Sehr viel Spaß macht auch das Sammeln von Gegenständen, besonders wenn sich aus den Fundstücken etwas anderes erschaffen lässt. Ermuntern Sie die Kinder bei Spaziergängen auf dem Land und am Strand, ja auch in Haus und Garten, nach Dingen Ausschau zu halten, die auf andere Weise wiederverwendet werden können. Die vielen verschiedenen hier gezeigten Techniken reichen vom herkömmlichen Kunsthandwerk wie der Arbeit mit Salzteig, über das Stricken mit der Strickliesel und Pappmaché-Arbeiten bis hin zu modernen Ideen, wie einem Eierschalen-Mosaik und Puppenmöbeln aus Recyclingmaterial.

Als Hilfe zu jedem Projekt dienen leicht nachvollziehbare Schritt-für-Schritt-Anleitungen und eine Materialliste. Aber man sollte sich nicht scheuen auch mit Materialien zu improvisieren, die gerade zur Hand sind.

Die Projekte reichen von recht einfachen Arbeiten für kleine bis hin zu komplexeren für ältere Kinder. Doch auch viele der etwas schwierigeren Arbeiten sind für die jüngeren geeignet, wenn man ihnen dabei ein wenig hilft.

Die Kinder können die Ideen in diesem Buch auch als Inspirationsquelle für eigene Bastelarbeiten nutzen. Das wiederum fördert das Vertrauen in ihre eigenen Fähigkeiten und Ideen.
Überlassen Sie es Ihren Kindern sich selbst auszudrücken, und denken Sie immer daran, dass es in erster Linie auf die Freude ankommt, die man beim Anfertigen von Dingen hat. Basteln sollte Spaß machen, deshalb sollten Sie sich weder Gedanken um das entstehende Durcheinander machen, noch darum, dass das Endergebnis „perfekt" sein muss. Ermutigen Sie Ihre Kinder einfach dazu, das Basteln zu genießen, und seien Sie stolz auf ihre Kreationen.

Materialien und Grundtechniken

Zum Basteln wirst du etwas Material sammeln müssen. Hier ein paar Ideen für Dinge, die du horten kannst. Die meisten Materialien sind kostenlos, sie werden entweder in der Natur aufgelesen oder wiederverwertet. Hier sind jedoch einige Dinge, die man vor dem Start im Malerei- oder Papierfachgeschäft kaufen sollte.

Klebstoff

Es gibt viele verschiedene Arten von Klebstoff, du brauchst nur zwei davon für die Arbeiten in diesem Buch. Holzleim, auch PVA-Kleber (links) genannt, ist ein Klebstoff, der ganz viele unterschiedliche Materialien klebt. Er ist ungiftig und leicht in der Verarbeitung. Dabei kann es allerdings ein wenig unsauber zugehen, deshalb solltest du die Arbeitsfläche vorher mit Zeitungspapier abdecken. Klebestifte eignen sich gut zum Kleben von Papier, aber bei größeren Sachen sind sie weniger wirksam.

Malfarbe

Acrylfarben gibt es in einer großen Auswahl, sie sind ungiftig und in noch feuchtem Zustand abwaschbar. Dennoch sollten Kinder nicht ohne Beobachtung damit hantieren. Als Grundausstattung solltest du dir Rot, Gelb und Blau kaufen. Miteinander vermischt ergeben sie eine Menge anderer Farben, zum Aufhellen oder Abdunkeln brauchst du noch Weiß und Schwarz. Eine Reihe von Malpinseln in verschiedenen Größen sind ebenfalls nützlich. Pappteller eignen sich gut zum Mischen der Farben, aber du kannst als Behältnis für Farben und Klebstoff auch alte Joghurtbecher verwenden.

Scheren

Benutze beim Basteln immer Sicherheitsscheren (rechts außen). Wenn du dickeren Karton schneiden musst, lass dir von einem Erwachsenen helfen. Mit Zackenscheren (rechts) schneidet man Zickzack-Ränder, die besonders beim Schneiden von Stoffen praktisch sind. Er franst so nämlich nicht aus und man erhält einen schönen Rand. In Hobbyläden gibt es noch viele andere Konturenscheren, mit denen man lustige Ränder in Papier und Karton schneiden kann.

Nadel und Faden

Ein Nähkästchen mit den wichtigsten Utensilien ist immer praktisch. Einige Nadeln in verschiedenen Größen und Baumwollgarn in verschiedenen Farben werden dir nützlich sein. Bei einfachen Stichen eignet sich Stickgarn und dünnes Wollgarn besonders gut für kleine Hände, da sie sich nicht so leicht wie Baumwollfäden verknoten.

Nähen

Vor dem Nähen fädelst du einen Näh- oder einen dünnen Wollfaden in die Nadel und verknotest das Fadenende. Dann stichst du die Nadel durch den Stoff und ziehst den Knoten bis zum Stoff hinauf. Du kannst den Faden aber auch auf der Rückseite des Stoffes an einer Stelle mit ein paar Stichen vernähen, dann mit der Nadel durch den Stoff stechen und mit dem Nähen beginnen. Wenn du fertig bist, machst du einen Knoten oder du vernähst den Faden wieder.

Vorstich

Das ist der einfachste Stich. Er kann für alle Arbeiten verwendet werden, in denen Dinge zusammengenäht werden müssen. Man arbeitet dabei von rechts nach links und sticht die Nadel abwechselnd von oben und unten durch den Stoff.

Festonstich

Dieser Stich kann bei der gefilzten Tasche oder dem Luftzugstopper-Hund verwendet werden. Verknote das Fadenende und stich mit der Nadel von unten nach oben durch den Stoff. Führe die Nadel dann über den Rand zurück auf die Unterseite und stich wieder nach oben.

Knöpfe annähen

Vernähe den Faden dort, wo du den Knopf anbringen möchtest, mit ein paar Stichen. Durch die Stoffrückseite stichst du dann mit der Nadel von unten durch eines der Löcher im Knopf. Stich durch das andere Loch zurück in den Stoff. Diesen Vorgang fünf bis sechs Mal wiederholen. Vernähe den Faden mit ein paar Stichen unter dem Knopf oder auf der Rückseite des Stoffes und schneide ihn dann ab.

Gegenstände zum Sammeln

Zeitungspapier

Zeitungspapier ist hervorragend geeignet für Pappmaché-Arbeiten und beim Basteln unentbehrlich zum Abdecken der Arbeitsfläche. Für Pappmaché muss das Papier in Stückchen gerissen werden. Du wirst feststellen, dass sich das Papier wegen der Fasern besser nach vorne oder zur Seite reißen lässt. Reiß das Papier an, und wenn es keine schöne gerade Linie gibt, drehst du die Zeitung um eine Ecke und versuchst es in die andere Richtung.

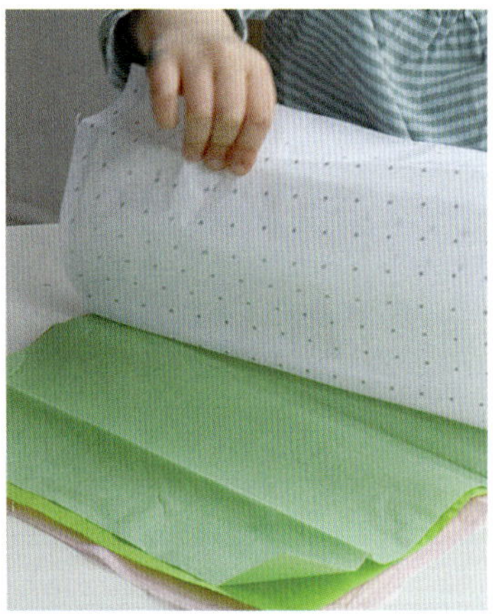

Papier

Bewahre altes Geschenkpapier und Geschenkverpackungen auf – sie haben oft tolle Muster und Farben. Seidenpapier (oben rechts) wird oft in Geschäften zum Verpacken benutzt und auch dieses gibt es in vielen leuchtenden Farben. Alte Zeitschriften und Comics (oben links) sind ebenfalls sehr nützlich. Denk daran alle Papierstückchen aufzubewahren, statt sie in den Abfalleimer zu werfen.

Schachteln

Man kann nie zu viele Schachteln haben, denn sie können für alle möglichen Kreationen verwendet werden. Ganz egal ob Schuhschachteln oder leere Cornflakespackungen: Halte immer wieder mal Ausschau nach verschiedenen Größen und Farben.

Stoffe, Bänder und Knöpfe

Sammle Reste von Stoffen und Bändern, sie können für viele Arbeiten verwendet werden. Nimm alte Kleider, einschließlich Handschuhe, Strümpfe und Socken, schneide sie auseinander und mach daraus ganz viele verschiedene Dinge. Es lohnt sich auch alte T-Shirts und Pullis aufzubewahren. Knöpfe werden auf gebastelten Spielsachen zu großen Augen. Stell dir also in einem alten Marmeladenglas eine Sammlung zusammen, damit du immer einen passenden Knopf zur Hand hast.

Gegenstände aus der Natur

Tannenzapfen, Samenkörner, Zweige, Blätter, Kieselsteine, Treibholz und was du sonst alles in der Natur bei Spaziergängen finden kannst, kann zum Basteln verwendet werden.

Schau dir die Formen und Farben gut an und mach daraus alle möglichen tollen Sachen. Lass die Gegenstände von einer erwachsenen Person prüfen, bevor du sie aufliest; aber sammle nie wilde Beeren (es sei denn, du kennst sie gut) oder Pilze, sie könnten giftig sein.

Lebensmittel

Verschiedene Kürbisarten und viele andere Gemüse und Früchte eignen sich hervorragend zur Herstellung von essbaren Geschöpfen. Aus Mehl und Salz, die zudem sehr preiswert sind, wird Teig zum Spielen oder Formen von Gegenständen. Auch Nussschalen sind sehr brauchbar. Kartoffeln und Äpfel sind ideal zum Drucken, ebenso wie Birnen und Karotten. Trockenerbsen und Linsen sind zudem gutes Füllmaterial.

Salzteig

1	Buchstaben	16
2	Teeservice	18
3	Perlen	22
4	Salzteig zum Spielen	24
5	Früchte	26
6	Brosche	30

1 Buchstaben

Diese bunten Buchstaben sind ganz einfach anzufertigen. Sie bestehen aus Salzteig, der beim Backen hart wird und bemalt werden kann, und sind schnell und günstig herzustellen. Klebe kleine Magnete auf die Rückseite, so können die Buchstaben am Kühlschrank befestigt werden, oder klebe deinen Namen an deine Zimmertür.

Material

- 300 g Mehl
- 300 g Salz
- 200 ml lauwarmes Wasser
- 1 Esslöffel Pflanzenöl
- Acrylfarben und Pinsel
- Rührschüssel und Holzlöffel
- Messbecher
- Nudelholz und alphabetische Ausstechformen
- Antihaft-Backblech

1 Gib 300 g Salz in die Rührschüssel, gieße Wasser dazu und vermische alles sorgfältig, bis das Salz ganz aufgelöst ist – so erhältst du einen schönen weichen Teig.

2 Gib 300 g Mehl und das Pflanzenöl in die Schüssel. Rühr alles um, bis die Mischung steif wird und knete sie dann mit den Händen, um einen festen Teig zu bekommen. Die Schüssel sauber ausschaben und eine Teigkugel bilden.

3 Streu etwas Mehl auf die Arbeitsfläche und leg die Teigkugel darauf. Rolle den Teig danach mit einem Nudelholz gleichmäßig dick (ca. 1 cm) aus.

4 Stich die Buchstaben aus und leg sie auf das Backblech. Bei 100° C (Gas Stufe 4) eine Stunde lang im Ofen backen. Wenn sie fest sind, schaltest du den Ofen aus, aber lass sie im Ofen, bis sie ausgekühlt sind. So verhinderst du, dass der Salzteig brüchig wird.

5 Mit Acrylfarben und einem Pinsel malst du die Buchstaben in vielen leuchtenden Farben an. Kombiniere alle möglichen Farben, so wie es dir am besten gefällt. Wenn die Grundfarbe trocken ist, kannst du in einer zweiten Farbe Dekorationen anbringen.

2 Teeservice

Salzteig ist ganz einfach herzustellen und leicht zu formen. Hier wurde daraus ein niedliches Teeservice, perfekt für eine Teeparty mit deinen Teddys. Massive Formen aus Salzteig, wie die Teekanne, müssen bei sehr niedriger Temperatur im Ofen gebacken werden, da sie bei zu großer Hitze rissig werden.

Material

- Salzteigzutaten (siehe Seite 17)
- Keksausstecher mit gewelltem Rand
- Nudelholz
- Acrylfarben und Pinsel
- Backblech

1 Mische einen Salzteig nach den Angaben auf Seite 17 und knete daraus einen weichen Teig. Sammle alle kleinen Krümel in der Schüssel auf und bilde einen großen Klumpen.

2 Nimm ein Stück Teig und leg es auf eine mehlbestreute Fläche. Mit dem Nudelholz etwa 5 mm dick ausrollen.

3 Mit dem Keksausstecher einige Kreise (insgesamt vier) für die Teller und Unterteller ausstechen und auf ein Backblech legen.

4 Nimm etwas Teig und mach daraus eine Kugel für die Teekanne. Bilde zwei kleine Teigkugeln, drücke sie flach und mach daraus den Deckel und den Boden. Forme aus einer kleinen Teigwurst den Henkel und den Schnabel und füge alle Teile zu einer Teekanne zusammen. Ist der Teig zu trocken, benetze die Teile beim Zusammensetzen mit ein wenig Wasser. Dannach auf das Backblech stellen.

5 Forme aus einem Teigstückchen eine Tasse, die du in der Mitte mit den Fingern eindrückst. Einen kleinen Henkel aus einer Teigwurst hinzufügen und die Tasse auf das Blech stellen. Bilde eine zweite, jedoch kleinere Tassenform und mach daraus ein Kännchen. Dannach ebenfalls auf das Backblech stellen.

6 Auf diese Weise entsteht auch eine kleine Zuckerdose. Für den Deckel drückst du eine kleine Teigkugel flach. Zum Abschluss bringst du darauf eine winzige Kugel an, die als Griff dient.

7 Alle Teile im Ofen auf niedrigster Stufe 1 bis 1½ Stunden backen, oder etwas länger, wenn sie noch etwas weich sind. Wenn alle Teile vollkommen ausgekühlt sind, bemalst du sie ganz weiß und lässt die Farbe trocknen.

8 Mit bunter Acrylfarbe und einem feinen Pinsel malst du eine dünne Linie und Punkte rund um alle Teller und Unterteller. Male nun kleine Blumen auf dein Teeservice. Lasse alles gut trocknen, bevor du damit spielst.

3 Perlen

Dies ist eine tolle Arbeit, die auch die Jüngsten schon meistern können, da Perlen sehr einfach zu formen sind. Man kann sie in verschiedenen Formen und Größen anfertigen, mit schönen leuchtenden Farben anmalen, mit Mustern verzieren oder einfarbig lassen. Es macht Spaß, Perlenketten zu tragen und zu verschenken.

Material

- Salzteigzutaten (siehe Seite 17)
- Backpapier
- Schaschlikstäbchen oder Bratspieße
- Acrylfarben und Pinsel
- Wolle
- Nadel

1 Mische einen Teig und rühre ihn so lange, bis er formbar ist (siehe Seite 17).

2 Lege den Teig auf eine ebene Fläche, streu Mehl darüber und knete ihn weich.

3 Forme die Perlen: große und kleine, runde und eckige, dicke und flache. Das Loch stichst du mit einem Schaschlikstäbchen oder einem Bratspieß. Mach das Loch ein wenig größer als nötig, da es sich beim Backen etwas zusam-menzieht. Auf das Backblech legen und im Ofen bei niedrigster Hitze ungefähr $1\frac{1}{2}$ Stunden backen.

4 Wenn die Perlen vollkommen ausgekühlt sind, malst du sie in leuchtenden Farben an und lässt sie trocknen.

5 Schmück einige Perlen auch mit Punkten, Blumen und Mustern in Kontrastfarben. Nochmals trocknen lassen.

6 Schneide ein Stück Wolle ab, das mit zusammengeknoteten Enden über deinen Kopf und um deinen Hals passen würde. Fädle den Faden ein und zieh die Perlen in schönen Kombinationen auf. Zieh den Faden aus der Nadel und verbinde die Enden der Kette mit einem doppelten Knoten.

4 Salzteig zum Spielen

Mach einen schönen Salzteig mit einfachen Zutaten aus Mamas Vorratsschrank und gib etwas Lebensmittelfarbe hinzu – je leuchtender desto besser! Wenn der Teig fertig ist, wirst du dich stundenlang damit vergnügen und alle möglichen Modelle und Formen kreieren können. Suche den Schrank auch nach Nudeln ab, denn damit lassen sich gut Gesichter und Muster stecken. Nach dem Basteln hält sich der restliche Teig gut in einem luftdicht verschlossenen Behälter.

Material

- 1 Becher Mehl
- ½ Tasse Salz
- 2 Esslöffel Weinsteinpulver
- 1 Esslöffel Pflanzenöl
- 1 Tasse Wasser
- Lebensmittelfarbe
- Schüssel und Rührlöffel

1 Eine große Tasse Mehl und eine halbe Tasse Salz in eine mittelgroße Schüssel geben.

2 Als Nächstes zwei Löffel Weinsteinpulver und 1 Löffel Pflanzenöl dazugeben.

3 In eine große Tasse Wasser ein paar Tropfen Lebensmittelfarbe geben und die Mischung in den Topf gießen.

4 Alle Zutaten gut miteinander vermischen. Den Topf mit der Hilfe eines Erwachsenen auf dem Herd etwas erhitzen, bis der Teig fertig ist.

5 Den Teig im Topf vollkommen abkühlen lassen. Den Topf dann sauber ausschaben und den Teig zu einem Klumpen formen.

6 Jetzt kannst du den Spielteig zu allen möglichen Formen verarbeiten. Mit Nudeln kannst du viele verschiedene Muster, Formen und Gesichter gestalten.

5 Früchte

Lass dich von eurer Obstschale zu Hause inspirieren oder schau dir auf dem Markt die große Vielfalt an Formen und Farben der dort angebotenen Früchte an. Dann machst du deinen Salzteig, backst ihn und dekorierst ihn, bis er zum Reinbeißen echt aussieht. Leg das Obst in eine Schale und finde heraus, ob deine Freunde darauf reinfallen. Aber essen sollten sie die Kreationen trotzdem nicht, sie schmecken nämlich ein wenig salzig.

Material
- Salzteigzutaten (siehe Seite 17)
- Backpapier
- Acrylfarben und Pinsel
- Chenilledraht in Grün und Braun
- Bastelfilz in Grün
- Holzleim

1 Wiege Wasser, Mehl, Salz und Öl ab und knete daraus einen festen Teig (siehe Seite 17). Falls notwendig, gib noch mehr Wasser hinzu. Wenn der Teig zu klebrig ist, mehr Mehl.

2 Nimm ein wenig Teig und knete daraus eine Erdbeere. Forme aus Teigkugeln Kirschen mit kleinen Löchern oben für den Chenilledraht. Modelliere aus einer größeren Menge Teig eine Melonenscheibe und aus einer kleineren ein Orangenviertel. Weintrauben werden aus kleinen Teigkugeln geformt. Alle Früchte auf ein Backblech legen und $1\frac{1}{2}$ Stunden im Ofen backen.

3 Wenn alle Formen komplett abgekühlt sind, kannst du sie bemalen. Male die Erdbeeren rot an, die Orangenviertel orange, die Weintrauben blassgrün, die Kirschen dunkelrot und die Wassermelone außen grün und in der Mitte rot.

4 Wenn die erste Farbschicht trocken ist, bemale die Erdbeeren mit kleinen Punkten, die wie Samen aussehen. Trocknen lassen.

5 Mit schwarzer Farbe malst du die Kerne auf das Rot der Wassermelone.

6 Ein etwas helleres Orange erhältst du, indem du das Orange mit etwas Weiß mischst. Male damit die Linien für die Orangenviertel auf.

7 Schneide die Blätter aus grünem Filz zu (Vorlagen auf Seite 124). Schneide danach ein Stück vom grünen Chenilledraht ab und biege ihn in der Hälfte um. Klebe nun jedes Ende in ein Loch der Kirschen und befestige anschließend die Blätter mit einem Tropfen Klebstoff an den Kirschenstielen.

8 Klebe auch je ein Blatt und einen Stiel auf jede Erdbeere. Wenn alle Früchte trocken sind, kannst du sie mit einer Schicht Holzleim anstreichen, dadurch erhalten sie einen leichten Glanz und zudem schützt der Holzleim ihre Oberfläche.

6 Brosche

Ausstechformen sind ideal für Salzteig. Nimm z. B. einen Sternausstecher, und mach daraus einen Sheriffstern. Setze kleine, flache Teigkugeln auf die Spitzen, das verleiht ihm den echten Wildwest-Look. Oder probier Blumenformen aus, die du auf einen Teigkreis klebst, so erhältst du eine hübsche Brosche. Die Stücke danach anmalen und mit einem Knopf oder einer Perle schmücken.

Material
- Salzteigzutaten (siehe Seite 17)
- Schüssel und Löffel
- Backblech
- Nudelholz
- Ausstechformen
- Holzleim
- Acrylfarben und Pinsel
- Knöpfe
- Stoffreste
- Sicherheitsnadeln

1 Gib Mehl, Salz, Öl und Wasser in die Schüssel (siehe Seite 17). Knete alles zu einem festen Teig. Falls nötig, gib noch mehr Wasser hinzu, oder mehr Mehl, wenn der Teig zu klebrig ist. Forme den Teig danach zu einem Klumpen.

2 Ein wenig Mehl auf die Arbeitsplatte streuen und den Teig etwa 5 mm dick ausrollen. Streu etwas Mehl über den Teig, damit er nicht zu sehr klebt.

3 Stich die Formen für den Sheriffstern aus und setz kleine Teigkügelchen auf alle Sternspitzen. Stich für die Brosche mit einer runden Form einen großen Kreis mit glattem Rand und einen kleinen mit Wellenrand aus sowie eine Blütenform.

4 Leg die Teile auf Backpapier und back sie etwa eine Stunde auf niedrigster Stufe, bis sie vollkommen fest sind.

5 Nachdem alle Stücke ganz ausgekühlt sind, malst du sie in leuchtenden Farben an und lässt sie trocknen.

6 Kleb die drei Teile der Brosche mit dem Holzleim zusammen. Die größte Form kommt nach unten, die kleinste nach oben.

7 Setze einen Knopf in die Mitte der Blumenbroschen und des Sheriffsterns und lass alles trocknen.

8 Zieh ein Stückchen Stoff durch die Sicherheitsnadel und kleb beide Stoffenden auf der Rückseite des Sterns oder der Brosche fest. Lass alles liegen, bis der Kleber ganz trocken ist. Für ein glänzendes Aussehen von Sheriffstern und Brosche streichst du beide mit Holzleim an.

Pappmaché und Papier

7 Naturtinten 34

8 Schälchen 36

9 Masken 40

10 Puppenhaus 42

11 Blumen aus Seidenpapier 46

12 Pappsandalen 50

7 Naturtinten

Das Pflücken von Beeren im Spätsommer und Herbst macht riesigen Spaß. Warum also nicht aus dieser Ernte einige natürliche Tinten herstellen? Gib dem Saft etwas Essig bei, damit die Farbe brillianter wird. Ein wenig Salz verhindert, dass sie zu schnell verblasst. Wenn du diese Zutaten gerade nicht zur Hand hast, zerdrückst du die Beeren einfach mit irgendeinem Gegenstand (Steine eignen sich z. B. sehr gut), sammelst den Saft in einem Eimer und dann kannst du damit schreiben oder zeichnen. Halte außerdem Ausschau nach Vogelfedern, um daraus eine Schreibfeder zu machen.

Material

- Himbeeren
- Brombeeren
- Essig
- Sieb
- Esslöffel
- Schüssel oder Eimer
- Wasser
- Salz
- Marmeladengläser
- Vogelfeder

1 Gib jeweils ½ Becher Beeren in ein Sieb. Zerdrücke die Beeren mit dem Löffelrücken und sammle den so erhaltenen Saft in einer Schüssel unter dem Sieb.

2 Gib ½ Löffel Salz dazu, das als Konservierungsmittel dient.

3 ½ Löffel Essig hilft der Mischung ihre Farbe zu verstärken. Alles gut mischen und in ein kleines Marmeladenglas gießen.

4 Tauche eine Feder in die Tinte und versuch damit zu schreiben. Die Feder nach jedem zweiten oder dritten Buchstaben wieder in die Tinte tauchen.

5 Für unsichtbare Tinte drückst du eine Zitrone aus und schreibst mit einer Feder oder einem Pinsel einen geheimen Text. Zum Lesen der Geheimschrift mischst du Backpulver zu gleichen Teilen mit Wasser und bestreichst damit oder mit Grapefruitsaft das Papier. Dies dürfen deine Feinde natürlich nicht wissen!

8 Schälchen

Die Herstellung von Pappmaché ist eine gute Gelegenheit, herrlich klebrige Finger zu bekommen! Aus einer Zeitung ausgerissene Papierstreifen werden in Leim getaucht und dann über eine runde Form, z. B. eine Schüssel, gelegt. Die Schale kann nach dem Trocknen nach Herzenswünschen bemalt und verziert werden. Schütze deine Arbeitsfläche am besten mit altem Zeitungspapier, denn dies ist zwar eine nette, aber schmierige Angelegenheit.

Material

- Schüssel
- Vaseline
- Frischhaltefolie
- Holzleim, Schälchen und Wasser
- Zeitungspapier
- Acrylfarbe in Flieder und Pinsel
- Geschenkpapierreste

1 Die Unterseite einer Schüssel zuerst mit einer Schicht Vaseline und dann mit einem Stück Frischhaltefolie bedecken.

2 Reiß das Zeitungspapier in Streifen. Wenn du schmale, kurze Streifen machst, wird die Oberfläche glatter und feiner.

3 Gib etwas Holzleim in eine Schüssel und verdünne ihn mit Wasser, sodass er wie Rahm aussieht. Die Zeitungspapierstreifen in den Leim tauchen und diese auf die Schale kleben. Klebe etwa drei Schichten Zeitungspapier auf die Schale.

4 Trocknen lassen. Nimm die Pappmaché-Schale ab, indem du die Plastikfolie von der Schüssel löst. Den Rand kannst du mit der Schere auf eine Höhe schneiden.

5 Die Schale danach bemalen. Es kann sein, dass du zwei Farbschichten aufmalen musst, um eine gleichmäßige Oberfläche zu erhalten. Lass die erste Schicht trocknen, bevor du die zweite aufträgst.

6 Schneide Blüten und Blätter aus Geschenkpapier aus und klebe sie mit dem unverdünnten Leim innen und außen auf die Schale. Damit sie ein glänzendes Aussehen erhält, streichst du sie überall mit unverdünntem Holzleim an. Danach trocknen lassen.

9 Masken

Diese Bastelidee macht riesigen Spaß und kann sogar von den Jüngsten ausgeführt werden. So kann man auf wunderbare Weise Stückchen von alten Zeitungen in alle möglichen Formen und Dekorationen umwandeln. Die klebrige Masse aus Mehl und Wasser ist ein schönes Tasterlebnis und vollkommen sicher für die Kleinen. Das Wort Pappmaché kommt übrigens aus dem Französischen und bedeutet „zerfetztes Papier“.

Material

- Schale und Esslöffel
- Mehl
- Wasser
- Zeitungen
- Luftballon
- Schere
- Acrylfarbe in Weiß und Pinsel
- Bastelfilz in verschiedenen Farben
- Holzleim
- Filzstifte

1 Bereite die Pappmaché-Masse in einer Schüssel mit etwas Mehl und Wasser vor. Vermisch beides, bis daraus eine glatte Masse mit der Konsistenz einer dicken Creme geworden ist.

2 Nimm die Zeitung und reiß sie in kurze Streifen, aber es ist auch nicht schlimm, wenn sie unterschiedlich groß sind.

3 Blase den Luftballon auf und verknote das Ende. Tauch die Zeitungsstreifen in die Mehlpaste und leg sie auf den Ballon. Alles vorsichtig glatt streichen und so einfach weiterarbeiten, bis die eine Hälfte des Ballons mit drei Schichten bedeckt ist. Über Nacht trocknen lassen, bis das Papier hart geworden ist.

4 Lass den Ballon platzen! Schneide den Rand rundherum mit einer Schere glatt.

5 Male zwei Augen auf die Maske und schneide sie entlang der Kontur aus. Dazu brauchst du vielleicht die Hilfe eines Erwachsenen.

6 Bemale die Vorderseite der Maske mit der entsprechenden Farbe und lass sie trocknen.

7 Mithilfe der Vorlagen von Seite 124 schneidest du alle Teile für deine Maske aus Filz aus. Anschließend auf die Maske kleben und trocknen lassen.

COMPANY
MILK

10 Puppenhaus

Puppenhäuser können ganz schön teuer sein. Aus alten Kartons und Geschenkpapieren, die nichts kosten, kannst du ganz schnell und einfach selbst ein Haus für deine Puppen herstellen. Sammle alte Verpackungen – Schuhkartons, Cornflakes- und Bonbonschachteln sind ideal – und verziere sie mit Farbe und gemustertem Papier. Eine kuschelige Einrichtung für das gemütliche Zuhause, in dem jede Puppe oder jeder Teddy gerne leben würde, stellst du aus Stoffresten her.

Material

- Schuhkarton
- Kartonreste (alte Cornflakesschachteln sind ideal)
- Geschenkpapier
- Holzleim
- kleine Schachteln (Bonbonschachteln)
- Alufolie
- 3 kleine Streichholzschachteln
- Rundkopfklammern
- Schere
- Konturenschere
- Acrylfarbe und Pinsel
- Stoffreste
- Pralinenförmchen
- Filzstifte in verschiedenen Farben

1 Verwende einen großen Schuhkarton für das Gebäude und schneide aus einer Cornflakesschachtel das Dach aus. Dieses sollte 2 cm breiter sein als der Schuhkarton und ungefähr zweimal so tief. Kleb schönes Papier darauf und falte es in der Mitte.

2 Trage oben am vorderen und rückwärtigen Rand des Schuhkartons Leim auf und kleb das Dach wie abgebildet auf. Halte es so lange fest, bis der Leim getrocknet ist.

3 Um die Größe des Etagenbodens herauszufinden, mißt du die Breite und Tiefe des Schuhkartons und gibst überall je 3 cm dazu. Schneide ein Stück Karton in dieser Größe zu, knick an allen Seiten je einen 1,5 cm Streifen um und schneide die Ecken wie abgebildet ab. Klebe ein Stück gemustertes Papier auf und schneide den vorderen Rand mit einer Musterschere zu.

4 Die beiden Seitenränder und den hinteren Rand des Etagenbodens mit Leim bestreichen. Den Boden ungefähr in die Mitte des Hauses kleben.

5 Miss die Wände des Hauses aus und schneide ein Stück Geschenkpapier zu, das du als Tapete anklebst.

6 Bastle aus zwei kleinen, gleich langen Schachteln ein Sofa. Die abgerundeten Armlehnen klebst du aus dünnem Karton seitlich an.

7 Wenn der Leim trocken ist, malst du das Sofa an und dekorierst es mit Filzstiften.

8 Finde eine passende Schachtel für ein Bett und schneide aus dünnem Karton das Kopf- und Fußende aus. Klebe beide Teile wie abgebildet an die Schachtel. Das Bett danach anmalen und anschließend die Bettdecke gestalten. Beklebe dazu ein farbiges Papier mit viereckigen Papierstückchen.

9 Schneide eine kleine Schachtel in der Mitte durch und auf jeder Seite ein rechteckiges Stück heraus, so entsteht ein Tisch. Anmalen und trocknen lassen.

10 Kleine Stückchen Alufolie als Wurst verdrehen und wie abgebildet in Form bringen. Klebe sie auf Papier, um daraus Bilderrahmen zu machen und zeichne in die Mitte ein Bild und kleb es an die Wand. Verdreh ein weiteres Stück Folie und bilde an einem Ende eine Kugel, die du abflachst, um daraus einen Lampenständer zu machen. Als Lampenschirm klebst du ein Pralinenförmchen auf.

11 Klebe drei leere Streichholzschachteln zusammen und wickle sie in Geschenkpapier. Stich in die Mitte der kleineren Seitenfläche einen schmalen Schlitz und steck je eine Rundkopfklammer als Griff hinein.

12 Und schließlich stellst du die Dinge ins Puppenhaus, damit es gemütlich aussieht.

11 Blumen aus Seidenpapier

Material
- Seidenpapier in verschiedenen Farben
- Zweige
- Chenilledraht in Grün
- Schere
- Lineal

Mit diesen wunderbaren Papierblüten hat man das ganze Jahr über nie welkende Blumen. Sie sind ganz leicht herzustellen und können ein tolles Geschenk für den Muttertag oder für Großeltern und Tanten sein. Sammle einfach ein paar Seidenpapiere von Geschenken und Verpackungen oder kauf etwas Papier in einem Schreibwarengeschäft. Verwende mehrere Farben für jede Blume, die du dann auf Stängeln aus Chenilledraht befestigst.

1 Nimm zehn Bogen farbiges Seidenpapier von der Größe 24 cm x 30 cm und lege sie schön aufeinander.

2 Alle Papiere zusammen an einem Ende ungefähr 3 cm umfalten und einen Knick machen.

3 Falte das Ganze ziehharmonikaartig weiter zusammen.

4 Schneide die Enden des Papierstreifens danach entweder in Form eines abgerundeten Blütenblatts oder in dünne Streifen.

5 Nimm einen langen Chenilledraht und wickle ihn um die Mitte des Papierstreifens.

6 Zieh die Papierlagen vorsichtig einzeln auseinander, um die einzelnen Blütenblätter zu erhalten.

7 Binde den Chenilledraht anschließend um das Ende eines Zweiges. Wenn du willst, kannst du noch ein Blatt hinzufügen. Fertige mehrere Blumen in verschiedenen Farben an, um einen wunderschönen Strauß zu bilden.

12 Pappsandalen

Entwirf deine eigenen Schuhe und verwende dafür Materialien, die deine Eltern normalerweise wegwerfen würden. Für die Riemen und die Dekoration dieser Sandalen solltest du nach knallbunten Cornflakesschachteln Ausschau halten. Sammle außerdem Wellpappe (Geschäfte sind oft gute Quellen für leere Pappschachteln) für die Sohlen und achte darauf, dass die Pappe für die Sohlen nicht glänzt, sonst sind sie rutschig und du könntest dich verletzen.

Material

- leere Cornflakesschachteln
- Wellpappe
- Schere
- Filzstift
- Holzleim

1 Stelle deinen Fuß auf ein Stück Wellpappe und male die Konturen auf. Wiederhole dies auch für deinen anderen Fuß. Bitte gegebenenfalls jemanden, dir dabei zu helfen.

2 Schneide die beiden Fußformen aus und lege sie auf die Wellpappe. Mit dem Stift noch einmal um beide Formen herumfahren und zwei weitere Sohlen ausschneiden. Schneide zwei Streifen aus der Cornflakesschachtel zu und lege sie über deine Füße, um zu prüfen, ob sie lang genug sind für das Riemchen. Gib zu dieser Länge 5 cm hinzu.

3 Biege jedes Ende 2,5 cm um und klebe das Riemchen an diesen Enden oben auf eine der Sohlen. Klebe dann die zweite identische Sohle auf die erste und lasse sie trocknen.

4 Schneide eine Reihe bunter, runder Formen aus alten Lebensmittelkartons zu und mach daraus Blumendekorationen. Für die Blütenblätter schneidest du Rundungen oder Zacken ein und ein kleinerer Kreis bildet die Blütenmitte.

5 Zum Schluss klebst du die Verzierungen auf die Riemchen.

Recycling

13	Korken-Tiere	**54**
14	Gewebte Plastikfahnen und Wimpel	**58**
15	Jonglier-Tiere	**62**
16	T-Shirts mit Kartoffel- und Apfeldruck	**64**
17	Mobile	**68**
18	Filzperlen	**70**
19	Gefilzte Tasche	**72**
20	Handpuppen aus alten T-Shirts	**74**

QUALITY
OURIT
URIT

13 Korken-Tiere

Sammle einen ganzen Haufen Korken und erschaffe dir damit einen Dschungel aus drolligen Tieren. Bitte einen Erwachsenen, die Korken zu schneiden (mit einem Brotmesser geht das gut) und setze sie dann zusammen. Aus den kleinen Resten kannst du die Beine, Ohren und Hörner gestalten. Vielleicht bittest du Freunde darum, Korken aufzuheben, damit du viele verschiedene Tiere machen kannst.

Material

- Korken
- Holzleim
- Brotmesser
- Schere
- Wolle in Gelb und Braun
- Perlen

1 Für eine Giraffe brauchst du sieben Korken, vier davon schneidest du so wie auf dem Foto zurecht. Klebe sie zu einer Giraffe zusammen und lass sie trocknen, bevor du mit ihr spielst.

2 Nun bekommt sie ihre Frisur: Klebe ein paar kurze, braune Wollfäden als Mähne hinten auf den Hals. Für den Schwanz knickst du einen längeren Wollfaden in der Mitte, knotest die beiden Enden zusammen und klebst ihn an. Für Hörner und Ohren kleine Korkstückchen zuschneiden und am Kopf ankleben. Zum Schluss zwei kleine Perlen als Augen aufkleben.

3 Für den Löwen nimmst du fünf Korken und schneidest sie wie abgebildet zu. Klebe sie anschließend wie abgebildet zusammen. Ein Stück Korken legst du zur Seite, um daraus das Gesicht zu machen. Danach alles gut trocknen lassen.

4 Für die Mähne bindest du ein Stück gelbe Wolle mehrmals um deine Finger.

5 Nimm die Wolle von den Fingern ab und binde sie in der Mitte mit einem anderen Faden fest zusammen. Den Faden gut verknoten.

6 Klebe die Mähne an dem verknoteten Punkt auf den Kopf des Löwen und diesen an den Hals. Danach schneidest du kleine Korkstücke für die Ohren und ein dreieckiges Stück für die Nase zu. Alles ankleben. Knote eine Wollschleife für den Schwanz (siehe auch Giraffe) und klebe Perlen als Augen auf.

7 Für ein Krokodil schneidest du die Korken wie auf dem Foto zu. Einfach zusammenkleben und trocknen lassen.

8 Für die Beine halbierst du eine Korkscheibe und klebst sie nacheinander an. Zwei kleine Korkstücke werden als Ohren an den Kopf geklebt. Darauf je eine Perle anbringen, das sind die Augen des Krokodils.

Opposites
WINE
QUALITY

14 Gewebte Plastikfahnen und Wimpel

Plastiktüten können auf der Mülldeponie zu einem echten Problem werden. Warum sie also nicht in coole Dekorationen umwandeln? Nimm beliebige alte Plastiktüten in leuchtenden Farben und mach daraus Wimpel, die den Garten verschönern und jedem Wetter standhalten. Aus Plastikstreifen webst du große Fahnen und befestigst sie an einem Stock, und schon können sie im Wind flattern. Auch Papiertüten und sogar Seiten aus alten Illustrierten kannst du verwenden, wenn du kein Plastik verwenden möchtest.

Material

- Plastiktüten in verschiedenen Farben
- Heftgerät
- Konturenschere
- Schere
- Filzstift
- Klebestift
- Zweig
- Schleifenband

1 Für eine Fahne musst du zuerst ca. 2,5 cm breite Streifen aus Plastiktüten schneiden. Schneide neun Streifen einer Farbe von etwa 45 cm Länge, die waagerecht, und zwölf Streifen in zwei verschiedenen Farben, die senkrecht gelegt werden und 30 cm lang sind zu. Du kannst dafür ein Lineal benutzten, obwohl es nichts macht, wenn die Streifen nicht ganz akkurat geschnitten sind.

2 Nimm einen der kürzeren Streifen und klebe die neun langen Streifen abwechselnd auf dessen Ober- und Unterseite nebeneinander auf.

3 Nun webst du einen der kürzeren Streifen in der zweiten Farbe in die langen Streifen ein. An beiden Enden festkleben, damit der Streifen hält.

4 Die kurzen Streifen farblich abwechselnd in die langen einweben, bis die Flagge fertig ist. Alle Enden festkleben.

5 Schneide aus einer anderen Plastiktüte einen Stern aus und kleb ihn in die Mitte der Flagge.

6 Schneide zwei Streifen aus einer Plastiktüte und falte sie in der Mitte. Hefte sie an einer Seite je oben und unten an und binde die Flagge damit an deinem Fahnenmast fest.

Für die Wimpel

1 Schneide aus einem Stück Papier ein Dreieck aus, das du als Vorlage verwendest. Auf eine Plastiktüte legen und die Konturen mit einem Filzstift nachziehen.

2 Schneide das Dreieck mit einer Musterschere aus, sodass ein schöner Rand entsteht. Wenn du keine Musterschere hast, ist das kein Problem – mit einer normalen Schere geht es auch.

3 Hefte die Dreiecke nebeneinander an ein Zierband, das du beliebig lang lässt. Benutze die Enden des Zierbandes, um das Wimpelband zu befestigen.

15 Jonglier-Tiere

Mit diesen genialen Jonglierbällen in Form von Tieren kannst du dich stundenlang beschäftigen. Benutze Stoff- und Filzreste, um daraus einen Hasen, eine Maus, ein Huhn und einen Hund zu machen. Fülle sie mit Linsen oder Trockenerbsen, die ihnen genau das richtige Gewicht zum Jonglieren geben – mit ein wenig Übung hast du den Dreh raus.

Material
- Stoff
- Bastelfilz in verschiedenen Farben
- Linsen oder Trockenerbsen
- Esslöffel
- Nadel und Faden

1 Schneide ein quadratisches Papier von 14 cm Seitenlänge zu und benutze es als Vorlage zum Ausschneiden der Stoffquadrate für jedes Tier. Nimm Stoffe in vielen verschiedenen Mustern, damit du dir ein buntes Tierset zusammenstellen kannst.

2 Benutze die Vorlagen auf Seite 125, um die Details für jedes Tier aus Papier auszuschneiden. Befestige die Vorlagen mit Stecknadeln auf dem Filz und schneide sie mit der Schere rundherum aus.

3 Lege die Stoffquadrate rechts auf rechts aufeinander und steck die Filzdekorationen sorgfältig innen hinein, sodass sie gerade über den Rand des Stoffs hinausragen. Mach beim Zunähen der drei Seiten des Stoffs so kleine Stiche, dass die Linsen nicht herausfallen.

4 Drehe die Stoffsäckchen auf rechts. Vergewissere dich, dass die Filzelemente fest sitzen.

5 Das Stoffsäckchen danach ¾ voll mit Linsen oder Trockenerbsen füllen.

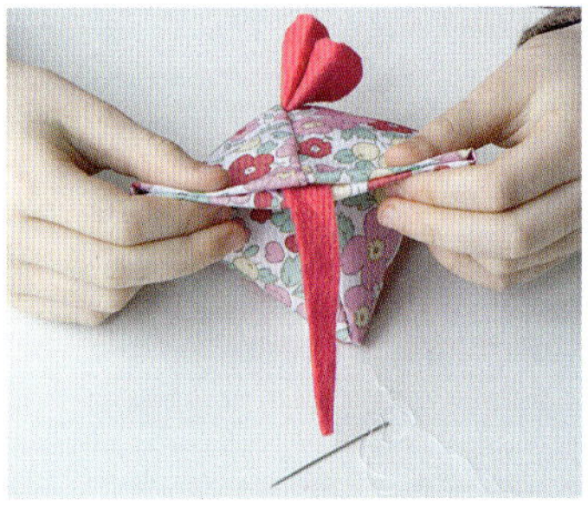

6 Zum Schluss nähst du das Säckchen an der offenen Seite zu. Lege dazu die beiden Nähte aufeinander und schieb das Ende eines Schwänzchens dazwischen. Am Ende den Faden vernähen.

16 T-Shirts mit Kartoffel- und Apfeldruck

Material
- Kartoffeln
- Äpfel
- T-Shirts in hellen Farben
- verschiedene Keksausstecher
- Messer
- Stoffmalfarben
- Pappteller
- Küchenpapier
- Knöpfe
- Schleifenband

Kartoffeldruck ist eine traditionelle Technik, mit der man viele verschiedene Dinge bedrucken kann, angefangen von weißen T-Shirts und Taschen bis hin zu Papier und Karton sowie Geschenkpapier und Grußkarten. Mit Keksausstechern kannst du deine gewünschte Form ganz einfach kreieren, ohne viel zu schneiden. Das Drucken mit Äpfeln ist sogar noch leichter – schneide einfach einen Apfel auf, bemale ihn mit Farbe und los geht's! Achte darauf, dass du Stoffmalfarben nimmst, wenn das bedruckte Stück gewaschen werden soll.

1 Bitte einen Erwachsenen, dir eine Kartoffel zu halbieren. Eine Ausstechform in die Schnittfläche drücken. Die Kartoffel ca. 1 cm tief rund um die Form ausschneiden und diese abnehmen. Die erhöhte Oberfläche mit etwas Küchenpapier trocken tupfen.

2 Etwas Stoffmalfarbe in einen Teller geben und den Kartoffelstempel eintauchen. Drücke ihn danach zuerst leicht auf Papier, um die überschüssige Farbe zu entfernen.

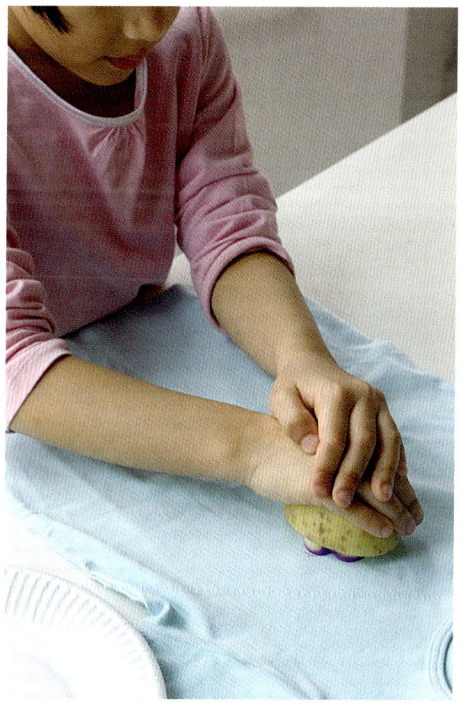

3 Nun kannst du das T-Shirt an der gewünschten Stelle bedrucken. Drücke die Kartoffel fest auf, damit der Abdruck gleichmäßig wird. Danach die Kartoffel vorsichtig abnehmen, damit die Farbe nicht schmiert. Die restliche Farbe auf der Kartoffel gut abtupfen.

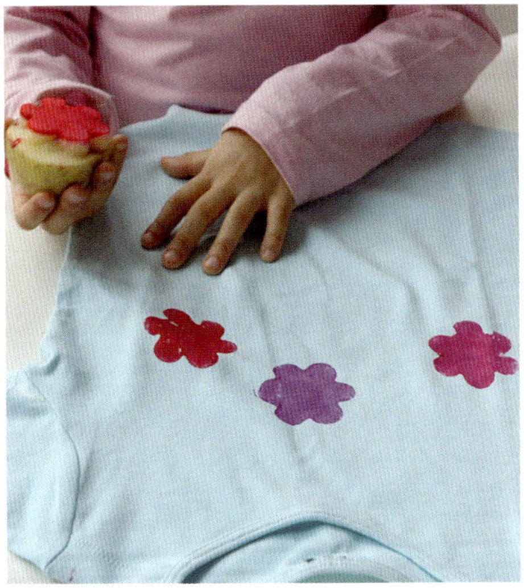

4 Wiederhole diesen Vorgang mit verschiedenen Formen und Farben.

5 Bitte eine erwachsene Person, dir aus der anderen Kartoffelhälfte die Form eines Blumenstängels zu schneiden. Diesen in grüne Farbe tauchen und wie abgebildet auf das T-Shirt drücken. Danach mußt du alles gut trocknen lassen.

6 Um die Farbe dauerhaft zu fixieren, mußt du die Anweisungen des Farbenherstellers auf der Verpackung befolgen und das T-Shirt, wenn nötig, bügeln. Nähe nun einen Knopf in die Mitte der Blumen und eine schmale Schleife unten auf den Blumenstrauß.

7 Bitte einen Erwachsenen, dir den Apfel zu halbieren. Den Stiel entfernen und die Schnittfläche mit Küchenpapier trocken tupfen. Gib etwas Stoffmalfarbe in einen Teller und tauch den halbierten Apfel ein. Zuerst mußt du den Apfel leicht auf Papier drücken, um überschüssige Farbe zu entfernen.

8 Danach den Apfel fest auf das T-Shirt drücken. Nimm den Apfel vorsichtig ab und wisch die restliche Farbe auf dem Apfel mit Küchenpapier ab.

9 Den Apfel in eine andere Farbe eintauchen und damit rechts und links vom ersten Apfeldruck auf das T-Shirt drucken.

10 Schneide nun aus je einer Kartoffel die Form eines Blattes und eines schmalen Stiels aus. Danach das Blatt und die Stiele (braune Farbe oder ein Gemisch aus ein wenig roter und grüner Farbe) in die Mitte jedes Apfels drucken. Alles gut trocknen lassen und dann die Hinweise des Farbenherstellers befolgen, um die Farbe zu fixieren.

17 Mobile

Mit einem selbst gebastelten Mobile kannst du dein Zimmer schön bunt und fantasievoll dekorieren. Schneide dazu Papierkreise aus alten Zeitschriften oder Geschenkpapieren aus und klebe sie zusammen. Lege dazu einen Wollfaden in die Mitte und binde die Dekorationen an einen Zweig oder einen Ast. Wenn du es über dein Bett hängst, kannst du es beim Einschlafen immer wieder bewundern.

Material

- alte Zeitschiften
- Kartonreste
- runde Form zum Anfertigen einer Vorlage (zwei Größen)
- Holzleim
- Filzstift
- Schere
- Wolle in Hellblau
- Zweig

1 Zeichne mit einem runden Gegenstand zwei Kreise in verschiedenen Größen auf Karton und schneide beide aus. Wir haben für den großen Kreis ein großes und für den kleinen ein kleines Glas benutzt.

2 Lege die Kreise auf die Bilder einer alten Zeitschrift und schau nach schönen Farben, lustigen Bildern oder interessanten Formen. Die Konturen der Kreise aufzeichnen und ausschneiden. Fertige auf diese Weise mehrere kleine und große Kreise an.

3 Falte zwei aus den Zeitschriften geschnittene Kreise in der Mitte und kleb die beiden Hälften zusammen.

4 Öffne die nicht geklebten Hälften des Kreispaares, falte einen dritten Kreis in der Mitte und klebe dessen eine Hälfte an die offene Hälfte des ersten Kreises. Bilde so eine Menge dieser Gruppen von kleinen und großen Kreisen.

5 Lege einen Wollfaden zwischen die beiden nicht geklebten Papierhälften. Die eine Hälfte mit Leim bestreichen und die andere Hälfte dagegendrücken, sodass der Faden in der Mitte festsitzt. Klebe weitere Kreise an den gleichen Wollfaden, bis du an jedem etwa sechs Stück hast. Fertige insgesamt vier Reihen.

6 Nimm den Zweig und knote alle Wollfäden daran – einen an jedes Ende, die anderen gleichmäßig dazwischen verteilt. Für einen besseren Halt verknotest du die Wollfäden mit einem Doppelknoten am Zweig.

7 Nimm einen weiteren Faden und befestige ihn an zwei Stellen des Zweiges, so erhältst du den Aufhänger des Mobiles.

18 Filzperlen

Für diese bunten Perlen werden Filzstücke zu Würsten gerollt, zusammengeklebt und in Scheiben geschnitten. Probiere verschiedene Farbkombinationen aus und fädle die Perlen dann auf eine Schnur, um originelle Ketten und Armbänder daraus zu machen.

Material

- Bastelfilz in verschiedenen Farben
- Holzleim
- Schere
- Lineal
- Nadel und Stickgarn

1 Ein 12 cm x 10 cm großes Rechteck aus Bastelfilz zuschneiden. Schneide noch ein weiteres 12 cm x 8 cm großes Stück aus.

2 Lege das kleinere Rechteck auf das große, die 12-cm-Kanten liegen aufeinander. An den beiden anderen Seiten steht das größere Rechteck etwas über. Trage auf einer dieser Seiten etwas Leim auf.

3 Danach die beiden Filzplatten vom geleimten Ende her aufrollen.

4 Am anderen Ende auch Leim anbringen und die Rolle festkleben. Halte die Rolle so lange zusammen, bis der Leim trocken ist. Sie kann aber auch mit Gummibändern fixiert werden, bis sie festklebt.

5 Wenn der Leim vollkommen trocken ist, schneidest du die Rolle mit einer Schere in ca. 2 cm breite Stücke. Wiederhole den Vorgang mit verschiedenfarbigem Bastelfilz, um eine Auswahl an bunten Perlen zu erhalten.

6 Für die Kette fädelst du die Perlen nun mithilfe einer Nadel auf einen Faden auf. Möglichst nicht Perlen gleicher Farbe nebeneinander aufreihen. Zum Schluss die Fadenenden verknoten.

19 Gefilzte Tasche

Filz ist wirklich leicht zu verarbeiten, da die Kanten nicht ausfransen und umgenäht werden müssen. Um Filz selbst herzustellen, steckst du einfach einen alten Wollpullover (aber zuerst einen Erwachsenen fragen, ob du darfst) bei etwa 70 Grad in die Waschmaschine und im Nu läuft er beim Trocknen ein und wird filzig. Jetzt braucht er von dir nur noch in eine Tasche verwandelt zu werden.

Material

- alter Wollpullover
- Waschmaschine
- Schere
- großer Knopf
- Wolle
- Nadel und Faden
- Papier für die Vorlage
- Stecknadel

1 Zum Filzen wäschst du den Wollpullover bei 70 Grad in der Waschmaschine. Lasse ihn trocknen und schneide ein Rechteck von 20 cm x 24 cm aus. Dieses faltest du in der Mitte.

2 Fädle einen Wollfaden in eine Nadel und mach einen Knoten in das Ende. Nähe die beiden gegenüberliegenden, offenen Seiten der Tasche mit dem Festonstich zu und vernähe den Faden gut am Ende.

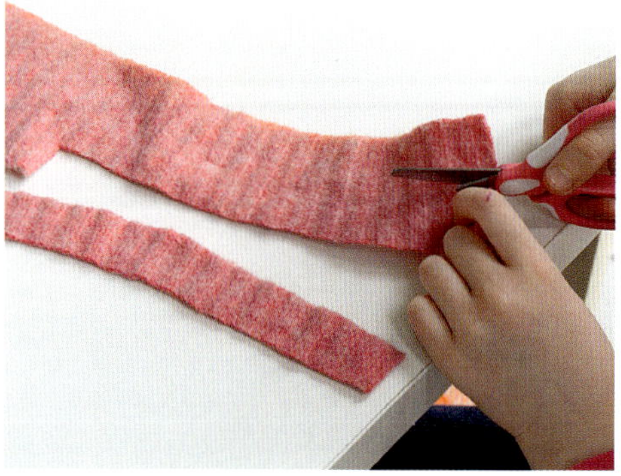

3 Schneide aus dem Pullover zwei Streifen zu. Wir haben den gerippten Rand dazu verwendet. Mach die Streifen etwa 2,5 cm breit und etwa 20 cm lang.

4 Befestige jedes Streifenende anschließend mit vier großen Stichen an der Tasche.

5 Schneide mithilfe der Vorlage auf Seite 125 eine Papierblume aus, hefte sie mit einer Stecknadel auf den gefilzten Wollpullover und schneide zwei Blumen aus. Wir haben eine aus dem gerippten Teil und eine aus dem Pullover selbst ausgeschnitten, um zwei verschiedene Farben zu erhalten.

6 Näh die zwei Blumen mithilfe von Wolle und Nadel aufeinander und bringe in der Mitte einen Knopf an. Nähe alles zusammen mit Nadel und Faden an der Tasche fest.

20 Handpuppen aus alten T-Shirts

Diese süßen Hand- und Fingerpuppen kannst du aus alten T-Shirts herstellen, mit denen du garantiert viel Spaß haben wirst. Bewahre alte, zu klein gewordene T-Shirts auf (gemusterte T-Shirts eignen sich ganz besonders gut) und schneide sie mithilfe der Vorlagen hinten im Buch zu. T-Shirt-Stoff ist sehr leicht zu nähen und das Beste daran: Er franst nicht.

Material

- alte T-Shirts
- Papier für die Muster
- Bastelfilz in verschiedenen Farben
- kleine Knöpfe
- Schere
- Stecknadeln
- Nadel und Faden
- etwas Füllmaterial
- Zackenlitze in Hellblau
- Holzleim

1 Mithilfe der Vorlagen auf Seite 126 ein Papiermodell für die Puppe, die Ohren und Beine zuschneiden. Die Modelle auf doppelten T-Shirt-Stoff legen, feststecken und dann zwei Teile für die Puppe, vier für die Ohren und vier für die Beine ausschneiden.

2 Lege die beiden Ohren rechts auf rechts, stecke sie fest und nähe sie mit dem Vorstich zusammen. Den Stoff umdrehen, sodass die gemusterte Seite nach außen kommt. Etwas Füllmaterial hineingeben und fest zunähen.

3 Den Stoff für die Puppe rechts auf rechts zusammenstecken und die Ohren mit dem offenen Rand oben zwischen die beiden Stoffteile legen. Die Puppe danach bis auf den unteren Rand zunähen. Umdrehen.

4 Nähe die beiden Stoffteile für die Beine wie bei den Ohren zusammen, wende das Innere nach außen und fülle die Beine mit etwas Füllmaterial. Die Beine von innen annähen und am unteren Rand des Körpers die Zackenlitze ankleben.

5 Schneide eine kleine, runde Nase aus Bastelfilz zu und klebe sie zusammen mit kleinen Knöpfen als Augen auf das Gesicht. Nähe aus den T-Shirtresten eine Schleife am Hals oder an den Ohren an.

6 Für die Fingerpuppen eine Vorder- und Rückseite wie für die Ohren der Handpuppe ausschneiden, und rechts auf rechts rundherum bis auf eine Öffnung unten zunähen. Danach das Innere nach außen wenden. Zum Schluss Ohren, Augen und Mund aus Filz zuschneiden und aufkleben.

Aus der Natur

21	Eierschalen-Mosaikspiegel	78
22	Walnuss-Babys	80
23	Tannenzapfen-Tiere	84
24	Kürbis-Tiere	86
25	Feen aus getrockneten Blumen	90
26	Bemalte Steine	92
27	Treibholz-Spiel	94
28	Boote aus Treibholz	96

21 Eierschalen-Mosaik-spiegel

Die frühesten Mosaike sind Jahrtausende alt und zeigen schöne, aufwändige Bilder aus Tonscherben. Mithilfe von Eierschalen, die mit Lebensmittelfarben gefärbt sind, kannst du selbst ein Mosaik machen. Brich die Schalen in kleine Stücke und gestalte damit ein ganzes Muster oder nur eine einfache Umrandung für einen Spiegel.

Material
- Eierschalen
- Spiegel
- Altpapier und Klebeband
- Acrylfarbe und Pinsel
- Lebensmittelfarbe
- ein paar Schüsseln
- Wasser
- Küchenpapier
- Holzleim

1 Die Eierschalen sorgfältig waschen. Fülle die Schüsselchen mit Wasser und gib ein paar Tropfen Lebensmittelfarbe dazu. Je mehr Farbe du nimmst, desto intensiver wird die Farbe der Schalen. Lege die Eierschalen in das gefärbte Wasser.

2 Nach mindestens einer Stunde im Farbbad nimmst du die Schalen wieder heraus und spülst sie unter fließendem Wasser ab. Wenn du die Farbe intensiver möchtest, lässt du die Schalen etwas länger im Wasser. Auf Küchenpapier trocknen lassen.

3 Brich die Eierschalen, nach Farben getrennt, in kleine Stückchen.

4 Male den Rahmen eines Spiegels an. Bekleb dazu den Spiegel zum Schutz vor Farbe mit Papier. Lasse die Farbe gut trocknen und trage eventuell eine zweite Farbschicht auf.

5 Nun den Rahmen mit Leim bestreichen und die Schalenstückchen aufkleben. Hier wurde der Rahmen am äußeren Rand und direkt am Spiegel beklebt. Die Blätter in den Ecken sind durch eine Wellenlinie verbunden. Aber du kannst auch eigene Muster erfinden, den ganzen Rahmen mit Eierschalen belegen oder kleinere Muster bilden. Wenn du fertig bist, entfernst du das Papier vom Spiegel.

22 Walnuss-Babys

In diese süßen Walnuss-Babys wirst du dich verlieben. Aus halben Walnussschalen wurden hier niedliche Wiegen für kleine Babys, die aus Holzperlen bestehen und mit etwas Schleifenband und Stoff bedeckt sind. Walnussschalen sind leicht zu knacken, aber du fragst besser einen Erwachsenen, ob er dir hilft. Mach aus einer ganzen Nuss mit Schürze und einem Kopftuch eine Walnuss-Mami, die auf deine Babyschar aufpasst.

Material

- Walnusshälften (diese sind leicht zu knacken, aber bitte einen Erwachsenen um Hilfe)
- Rohholzkugel
- Füllmaterial oder Watte
- Schere
- Stoffreste
- Zackenlitze
- Schleifenband
- Konturenschere
- Filzstifte in verschiedenen Farben
- Holzleim

1 Lasse dir von einem Erwachsenen beim Öffnen der Walnusshälften helfen und nimm die Nuss heraus. Forme aus ein wenig Füllmaterial oder Watte eine Kugel, gib einen Tropfen Leim in die Walnusshälfte und klebe die Füllung hinein.

2 Lege eine Walnusshälfte mit der flachen Seite auf ein Stück Stoff und zeichne die Form mit einem Stift rundherum auf. Schneide das ovale Stoffstück mit einer Schere aus. Den Walnussrand mit ein wenig Leim bestreichen und den Stoff aufkleben.

3 Klebe eine Zackenlitze rund um den Rand der Walnuss auf, indem du an einem Punkt beginnst und dort auch endest.

4 Für den Kopf des Babys klebst du ein Schleifenband um eine Perle und machst eine Schleife. Die Enden kurz schneiden.

5 Zeichne mit Filzstift ein Gesicht auf die Holzkugel, Halbkreise für die geschlossenen Augen von schlafenden und Punkte für die Augen von wachen Babys.

6 Befestige nun den Kopf mit ein wenig Leim auf der Nussschale. Du kannst auch unter dem Kopf ein Schleifenband als Dekoration anbringen.

7 Für die Walnuss-Mami nimmst du eine ganze Walnuss. Schneide eine kleine Schürze mit der Konturenschere aus Stoff aus und klebe sie mit einem kurzen Schleifenband auf die Nuss. Schneide nun ein kleines Stoffdreieck aus und klebe es als Kopftuch auf den Kopf, den du anschließend auf die Nuss klebst.

23 Tannenzapfen-Tiere

Bei deinem nächsten Spaziergang im Wald oder im Park hältst du nach Tannenzapfen, Zweigen, Blättern, Samen und anderen Dingen Ausschau, aus denen du kleine lustige Geschöpfe wie diese hier anfertigen kannst. Sammle nur Materialien auf, die auf dem Boden liegen und pflücke nichts von Bäumen, möglichst auch keine Beeren, viele können giftig sein.

Material

- Tannenzapfen
- Zweige
- Samenhülsen
- Hagebutten
- einige Federn
- etwas Laub
- Samen
- Sternanis
- Holzleim

1 Für die Beine deiner Tannenzapfen-Tiere wählst du kleine Zweige ähnlicher Länge aus und gibst einen Tropfen Leim auf je ein Ende. Stecke sie in den Zapfen und lass den Leim trocknen. Für den Kopf klebst du einen anderen Zapfen oder eine Samenhülse auf. Als Geweih können kleine Zweige oder kleine Tannenzapfen dienen. Diese steckst du ein oder du klebst sie an.

2 Sammle Federn, um kleine vogelähnliche Geschöpfe zu machen. Stecke diese z.B. in Samenhülsen. Gesichter entstehen aus Samen verschiedener Bäume und Pflanzenteilen, die als Augen und Schnabel dienen.

3 Hagebutten eignen sich sehr gut für die Augen. Gib einen Tropfen Leim auf die Spitze und drück sie in den Tannenzapfen. Kleine Tannenzapfen können unter anderem als Nase dienen. Klebe sie an einen größeren Zapfen.

4 Minizweige eignen sich bestens für Ohren, Geweih, Arme und was dir sonst noch einfällt. Schneide kleine Stückchen von Rosmarin, Lavendel oder anderen Sträuchern und Bäumen ab und klebe sie an, damit sie nicht abfallen.

5 Für eine Eule klebst du zuerst Kürbiskerne rund um den oberen Teil des Zapfens. Sternanis ist ideal für die Eulenaugen, angeklebte lange Kerne können als Schnabel und Zehen dienen. Zuletzt kann man kleine Zweige in den Zapfen stecken.

6 Mache kleine Zapfenmännchen, indem du Samenhülsen, Samen und kleine Zweige verwendest. Versuch dabei die natürlich gewachsene Form der gesammelten Dinge in die Figur zu integrieren. Hier dient der Stiel, der aus dünnen Fäden besteht, z.B. als Haarsträhne.

24 Kürbis-Tiere

Das Aushöhlen von Kürbissen im Herbst macht sehr viel Spaß, kann aber für jüngere Kinder schwierig sein. Diese Kürbis-Geschöpfe entstehen einfach durch das Einstecken von Gemüse und Kernen, ohne dass man dafür ein scharfes Messer braucht. Alle Arten von lustigen Gesichtern und Körpern können so geschaffen werden; und wenn du mit dem Spielen fertig bist, kannst du die Kürbisse kochen und als köstliches Mahl verspeisen.

Material

- Kürbisse in verschiedenen Formen, Größen und Farben
- Auswahl anderer Gemüse – Karotten, Rosenkohl, Auberginen und Zucchini eignen sich gut
- Kürbis- und Sonnenblumenkerne, frischer Ingwer, Lorbeerblätter
- Schaschlikstäbchen
- Grillspieße

1 Lege alle Gemüsesorten auf den Tisch, damit du sehen kannst, was du alles hast.

2 Um ein paar verrückte Kreaturen zu erhalten, kannst du verschiedene Zusammenstellungen ausprobieren.

3 Stecke ein Ende eines Schaschlikstäbchens in das gewählte Gemüse und das andere Ende in den Kürbis. Für die Augenbrauen, Zähne, Nase usw. steckst du Kerne ein.

4 Kerne sind tolle Stacheln für Igel. Stecke sie so in einen Kürbis, dass dessen Spitze die Nase bildet. Mit Schaschlikstäbchen eingesteckte Gemüsescheiben bilden die Augen.

5 Stecke einen Grillspieß zur Hälfte in einen Kürbis. Lass dir von einer erwachsenen Person dabei helfen, wenn die Schale zu hart ist.

6 Stecke einen anderen Kürbis oben auf das überstehende Spießchen.

7 Geweihe, Ohren, Arme, Augen herstellen und mit Schaschlikstäbchen an den Kürbis stecken.

8 Die Form der Lorbeerblätter eignet sich gut als Haartracht und Dekoration für deine Geschöpfe. Sie lassen sich leicht auf Schaschlikstäbchen stecken, die dann ebenfalls in den Kürbis gesteckt werden können.

25 Feen aus getrockneten Blumen

Das Blumenpressen ist eine Kunst, die bis ins 19. Jahrhundert zurückgeht und auch heute noch populär ist. Vergewissere dich, ob du Blumen in Mamas Garten pflücken darfst, und leg sie dann eine Woche lang in eine Blumenpresse oder zwischen die Seiten eines schweren Buches (zum Beispiel eines Telefonbuches). Wenn die Blumen trocken und schön flach sind, benutzt du sie für alle möglichen Bilder, wie diese schönen Feen, mit denen du Grußkarten gestalten kannst. Oder du rahmst sie ein und verschenkst sie.

Material

- frische Blumen
- Blumenpresse oder ein Stapel schwerer Bücher
- Klebestift
- Buntpapier
- Fotokarton in Cremeweiß
- Tonkarton in verschiedenen Farben
- Schere
- Bleistift und Lineal

1 Sammle frische Blumen und lege sie sorgfältig zwischen zwei Papierblätter in die Blumenpresse. Die Presse zusammendrücken und etwa eine Woche stehen lassen.

2 Mit der Vorlage von Seite 126 eine Fee ausschneiden und deren Konturen auf farbiges Papier zeichnen. Schneide sie danach aus.

3 Kleb sie auf ein Stück cremeweißen Karton von 15 cm x 10 cm und füge ein Stück Papier für die Haare hinzu.

4 Öffne die Blumenpresse und nimm die Blumen vorsichtig heraus. Ordne sie auf der Papierfee zu einem hübschen Kleid und Hut an. Wenn du mit deiner Kombination zufrieden bist, hebst du jede Blume oder Blüte leicht an und gibst etwas Klebstoff auf das Papier. Die Blume oder Blüte vorsichtig andrücken, damit sie festklebt.

5 Schneide ein Stück farbigen Karton (17,5 cm x 12,5 cm) zu und falte ihn in der Hälfte. Die Blumenfee mit einem gleichmäßigen Rand rundherum auf die Vorderseite kleben.

FICTION
FICTION
FICTION
NATURAL HISTORY
BRITISH RAILWAY LOCOMOTIVES
British Wild Flowers

26 Bemalte Steine

Schau dich nach großen und kleinen Kieseln und Steinen mit einer flachen Unterseite und einer runden Oberseite um. Diese kannst du dann so bemalen, dass sie wie niedliche Landhäuschen aussehen.
Denk daran, dass es an einigen Stränden nicht erlaubt ist, Steine aufzulesen, erkundige dich daher vorher, ob dies gestattet ist. Wenn du keine Steine am Meer findest, kannst du auch welche im Gartencenter kaufen.

Material
- Steine in verschiedenen Größen mit abgeflachter Unterseite
- Acrylfarben
- Pinsel
- Holzleim
- Zweig

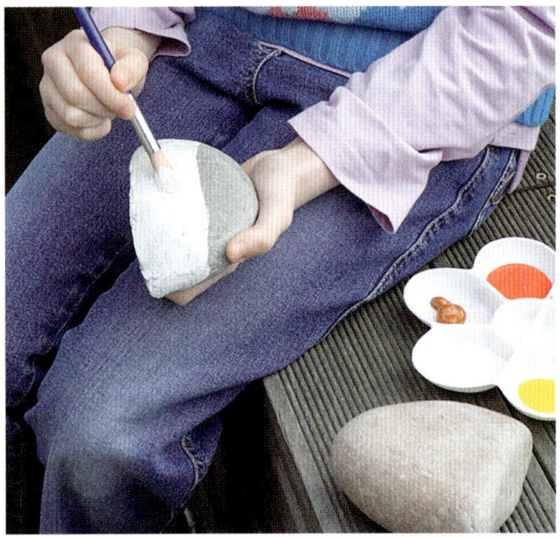

1 Für die Mauern des Hauses die untere Hälfte eines Steins weiß anmalen. Wenn die Farbe des Steins immer noch durchscheint, bringst du eine weitere Farbschicht an.

2 Das Dach mit einer dunkleren Farbe bemalen – in der Regel Orange oder Braun, aber du kannst auch jede andere Farbe nehmen, die dir besonders gefällt. Trocknen lassen.

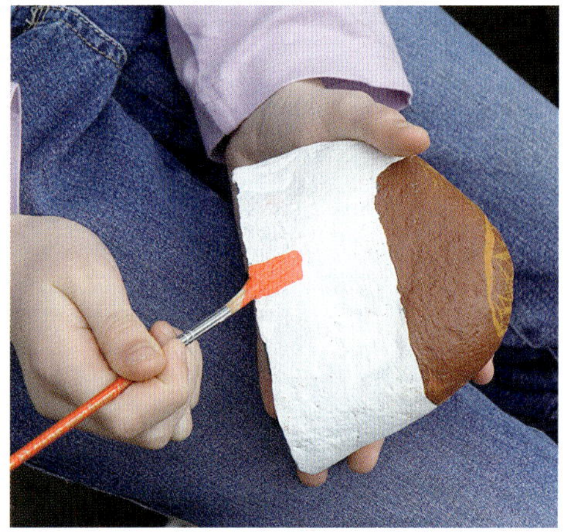

3 Tür, Fenster und Blumen mit vielen verschiedenen Farben auf den Stein malen. Auf das Dach malst du Ziegel auf oder strukturierst es so, dass es wie Schilf aussieht. Male auch Kletterpflanzen an die Mauern.

4 Wenn die Farbe komplett trocken ist, kannst du den Stein mit Holzleim einstreichen, damit er schön glänzt.

27 Treibholz-Spiel

Dieses tolle Spiel ist ideal für den Strand oder den Park. Sammle einfach vier Treibhölzer gleicher Größe und binde sie zu einem Spielbrett zusammen. Als Spielsteine verwendest du zu Kreuzen gebundene Hölzchen sowie Kieselsteine oder Muscheln. Das Ziel des Spiels besteht darin, drei gleiche Spielsteine, runde oder kreuzförmige, in einer Reihe zu haben und gleichzeitig den Gegner davon abzuhalten, dies zu erreichen. Gewonnen hat derjenige, der als Erster drei Steine in einer Reihe hat.

Material

- 4 Holzstücke, je 40 cm lang
- 10 kurze, dünne Hölzchen
- Bast (oder Kordel)
- 5 Kieselsteine
- Schere

1 Finde vier Stöcke, die ungefähr gleich lang sind, und lege sie zu einem Gitter zusammen. Winde ein Stück Bast mehrmals dort herum, wo sich zwei Stöcke kreuzen. Mit einem Knoten festziehen.

2 Binde die Hölzer an allen Kreuzungspunkten auf diese Weise zusammen.

3 Kürze die Bast-Enden.

4 Schneide dünne Hölzchen in zehn kleine Stückchen. Lege je zwei nebeneinander und befestige sie in der Mitte mit Bast.

5 Dreh ein Hölzchen so, dass ein Kreuz entsteht und winde den Bast so um den Kreuzungspunkt, dass das Kreuz nicht verrutscht. Den Bast verknoten und die Enden mit der Schere abschneiden.

28 Boote aus Treibholz

Für diese kleinen Boote sammelst du am Strand etwas Treibholz auf und lässt die fertigen Boote in Gezeitentümpeln oder zu Hause in der Badewanne schwimmen. Bau dir eine ganze Flotte aus vielfältigen Holzformen, denen du verschiedene Dreiecke aus Stoff oder Papier als Segel hinzufügst. Diese Boote sind so einfach anzufertigen, dass sogar die jüngsten Strandgutsammler sie herstellen können.

Material

- Treibholz
- Stöckchen
- Knetmasse in Blau
- Stoffreste
- Papier
- Filzstift
- Konturenschere
- Holzleim

1 Zeichne ein Dreieck auf Papier und schneide es aus, um es als Vorlage zu verwenden. Lege es auf den Stoff und zeichne die Konturen mit einem Filzstift nach.

2 Die Stoffdreiecke mit der Konturenschere ausschneiden. Wenn du keine hast, kannst du auch eine normale Schere nehmen.

3 Auf der Vorderseite jedes Dreiecks in der Mitte eine dünne Linie Leim auftragen.

4 Klebe einen Stock auf diese Linie, er bildet den Mast. Ein paar Minuten trocknen lassen.

5 Nimm ein Stück Knetmasse und klebe es in die Mitte des Treibholz-Bootes. Stecke danach den Mast mit dem Segel in die Knetmasse.

Textilien

29	Handschuh-Monster	**100**
30	Stoffblumen-Brosche	**102**
31	Pompon-Raupe	**104**
32	Freundschaftsbänder	**108**
33	Hund als Zugluftstopper	**112**
34	Wäscheklammer-Puppen	**116**
35	Stricklieselblume	**120**

29 Handschuh-Monster

Diese Wollgeschöpfe sind ganz einfach herzustellen, du brauchst keine einzige Masche zu stricken. Finde einen alten Handschuh – ideal für diejenigen, die oft einen Handschuh verlieren – zieh einige der Finger nach innen und stopf ihn mit Füllmaterial aus. Gib ihm ein lustiges Gesicht, indem du Knöpfe und Zackenlitze aufnähst oder Filz aufklebst, wenn dir das lieber ist.

Material

- alte Handschuhe
- Nadel und Faden
- Füllmaterial
- Knöpfe, Zackenlitze, Schleifenband und Pomponnase

1 Ziehe den Daumen und die beiden mittleren Finger, die nicht für die Ohren gebraucht werden, nach innen und nähe die Öffnungen mit Nadel und Faden zu.

2 Stopfe den Handschuh für dein Geschöpf aus und drücke die Füllung auch in die Ohren, wenn du willst, dass sie aufrecht stehen, oder lass sie leer, wenn die Ohren hängen sollen.

3 Die Handschuhöffnung zunähen.

4 Fertige die Gesichter durch das Aufnähen von Knöpfen, Zackenlitzenstückchen und kleinen Pompons an. Für einen Hund biegst du die Ohren nach unten und nähst sie mit ein paar Stichen fest. Bei einer Katze ziehst du die Hälfte der beiden Finger für die Ohren nach innen, und nähst die Öffnung zu.

30 Stoffblumen-Brosche

Diese niedliche Blumenbrosche wird aus Stoffresten gemacht und ist sehr einfach herzustellen. Sie könnte ein reizendes Geschenk für Freunde oder die Familie sein, oder du machst dir selbst eine Blume, die du als Brosche oder als schöne Verzierung für ein Haarband oder einen Hut verwendet.

Material

- Stoffreste
- Füllmaterial
- Knopf
- Sicherheitsnadel
- Stickfaden und Nadel
- Konturenschere
- Papier für die Vorlage

1 Mithilfe der Vorlagen auf Seite 125 fertigst du dir zwei Modelle zum Ausschneiden der Blüten an. Stecke sie auf ein Stück Stoff und schneide zwei Blütenformen aus.

2 Stecke die Blüten links auf links mit Stecknadeln zusammen. Nähe die Blütenblätter mit dem Vorstich rundherum zu und lass eine kleine Öffnung.

3 Ein wenig Füllung in die Öffnung hineinstecken und auch das letzte Blütenblatt zunähen.

4 Schneide mit der Konturenschere aus Stoff zwei Kreise mit einem Durchmesser von ca. 4 cm zu und nähe diese wie die Blüten zusammen.

5 Nähe den Kreis auf die Mitte der Blüte und befestige den Knopf darauf.

6 Mit einem Baumwollfaden nähst du die Sicherheitsnadel auf die Rückseite der Brosche. Am Schluss den Faden mit ein paar Stichen vernähen.

31 Pompon-Raupe

Diese niedliche Raupe wird aus Pompons hergestellt. Fertige dazu mehrere Pompons aus Wolle in verschiedenen Grüntönen, oder mach sie kunterbunt und benutze Strickgarnreste in vielen leuchtenden Farben. Du kannst im Bastelgeschäft Plastikrohlinge für Pompons finden, aber warum kaufen, wenn du sie auch selbst aus altem Karton oder Cornflakesschachteln herstellen kannst?

Material

- Wollreste
- Karton
- Bleistift und Zirkel
- dicke Nadel
- Schere
- Bastelfilz in Weiß und Braun
- Zirkel
- Holzleim

1 Öffne einen Zirkel 4 cm weit und zeichne zwei nebeneinander liegende Kreise – jeder wird einen Durchmesser von 8 cm haben. Öffne den Zirkel 1 cm weit und zeichne einen kleineren Kreis ins Zentrum der beiden großen. Schneide zuerst die äußeren Kreise und dann die inneren aus.

2 Lege die beiden Kreise aufeinander und winde die Wolle rundherum. Den Faden jeweils durch das Loch in der Mitte führen und gut festziehen.

3 Winde die Wolle um den ganzen Kreis herum. Um einen wirklich dichten Pompon zu erhalten, legst du mehrere Schichten Wolle aufeinander, bis das Loch ganz voll ist. Bleibt ein kleines Loch in der Mitte, wird dein Pompon weniger dicht.

4 Schneide die Fäden mit der Schere vorsichtig rund um den Rand herum auf, indem du die Scherenklinge zwischen die beiden Kartonscheiben drückst.

5 Ziehe nun einen doppelten Wollfaden zwischen die beiden Kartonscheiben und binde ihn mit einem Knoten gut fest. Den langen Faden hängen lassen.

6 Entferne die Kartonscheiben vorsichtig vom Pompon und leg sie beiseite. Gegebenenfalls musst du die Scheiben einreißen und herausziehen. Danach musst du dann neue Scheiben anfertigen.

7 Den Pompon danach aufplustern. Damit er gleichmäßig wird, kannst du die Wollspitzen mit der Schere zurechtstutzen.

8 Fertige insgesamt sieben Pompons an, deren Größe du beliebig anpasst. Für den Kopf kannst du Kartonscheiben von 12 cm Durchmesser zuschneiden, die du mit einem 6 cm weit geöffneten Zirkel aufmalst. Fädle einen doppelten Faden in eine dicke Nadel. Mach einen Knoten am Ende. Für den Raupenkörper ziehst du nun die Nadel durch jeden Pompon. Am Kopfende eingefädelt liegen lassen.

9 Für die Nase einen kleinen roten Pompon aus Kartonscheiben von 5 cm Durchmesser herstellen. Ziehe den am Kopf der Raupe liegen gelassenen Faden hindurch und schiebe den Pompon dicht ran. Ziehe den Faden nochmals zurück durch Nase und Kopf und fixiere ihn mit einem Knoten.

10 Nimm drei kleine Wollfäden von 25 cm Länge und verknote sie an einem Ende. Flechte aus den drei Fäden einen Zopf und verknote das andere Ende.

11 Die Zöpfe als Fühler auf den Kopf nähen und dann zwei rote Filzkreise ausschneiden und auf zwei etwas größere weiße Kreise kleben. Diese werden als Augen an den Kopf geklebt.

32 Freundschaftsbänder

Diese geflochtenen Armbänder sind einfach zu machen und im Nu hast du eine ganze Sammlung für alle Freunde und Freundinnen kreiert. Du kannst dazu jede Art von Wolle verwenden, aber denk daran: je grober die Wolle, desto dicker wird das Armband. Probiere verschiedene Farbkombinationen aus, damit du ein tolles Freundschaftsgeschenk erhältst.

Material

- 2 verschiedenfarbige Wollfäden
- Papierklemme
- Karton
- Schere
- evtl. Perlen

1 Schneide je drei 70 cm lange Wollfäden in zwei verschiedenen Farben ab, von denen du denkst, dass sie gut zusammenpassen. Diese hier sind türkis und violett.

2 Lege die sechs Fäden zusammen und verknote sie 5 cm vom Ende entfernt miteinander.

3 Fixiere das geknotete Ende mit einer Papierklemme oben an einem Karton oder Buch. Die Fäden nach Farben trennen. Dann nimmst du die linken Fäden (drei Fäden einer Farbe) und legst sie in einer Schlaufe über die rechten Fäden.

4 Ziehe die linken Fäden unter den rechten durch die Schlaufe zurück und fixiere sie mit einem Knoten, der ganz dicht am ersten Knoten liegt. Während dessen hältst du die rechten Fäden gerade.

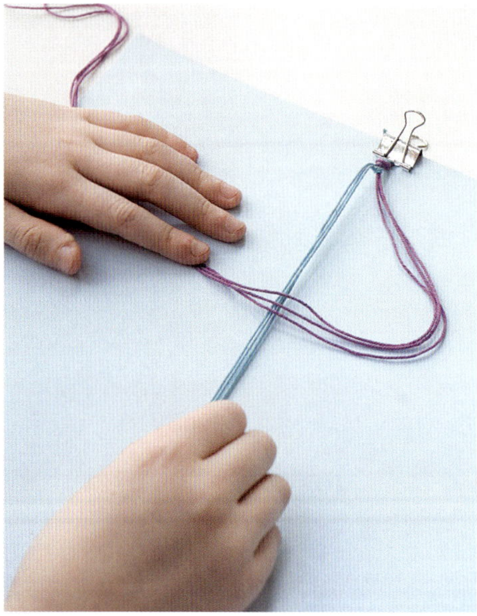

5 Nun ziehst du die linken Fäden gerade und legst die rechten in einer Schlaufe darüber.

6 Zieh die Fäden unter den linken durch die gerade entstandene Schlaufe zurück und mit der gleichen Bewegung in umgekehrter Richtung nach oben. Die linken Fäden gerade ziehen.

7 Flechte so weiter, bis du die richtige Länge für das Handgelenk deines Freundes oder deiner Freundin erreicht hast und fixiere die Flechtung mit einem Knoten.

8 Die Papierklemme lösen und die beiden Enden miteinander verknoten. Wenn du möchtest, flechtest du an einige der überstehenden Einzelfäden Perlen als zusätzliche Dekoration. Mach an den Enden große Knoten, um die Perlen festzuhalten.

33 Hund als Zugluftstopper

Material
- alte Wollstrumpfhose
- Wolle
- Stoffreste
- 2 Knöpfe
- Nadel und Faden
- Füllmaterial oder alte (saubere!) Socken
- alte Fäustlinge
- Schere

Ganz einfach und ohne viele Nähkenntnisse zu besitzen entsteht dieser reizende Hund, der aus einer alten Strumpfhose hergestellt wird. Er kann von Kindern jeden Alters angefertigt werden, vor allem wenn Augen und Ohren aufgeklebt werden. Wir haben für die Ohren alte Fäustlinge genommen, aber Kindersocken eignen sich genauso gut. Die Hunderolle kann als Zugluftstopper benutzt werden oder einfach zum Kuscheln.

1 Schneide ein Bein von einer alten Wollstrumpfhose mit der Schere so weit oben wie möglich ab.

2 Stopfe die Füllung (oder anderes Material) in das abgeschnittene Bein, sodass daraus eine Rolle wird. Lass ein kleines Stückchen am Ende ohne Füllung.

3 Schneide einen Wollfaden ab und binde ihn fest um das Ende der Rolle. Mach einen Doppelknoten, um die Rolle fest zu verschließen.

4 Binde am anderen Ende einen anderen Wollfaden rund um den Fuß, um daraus eine große Hundenase zu formen. Auch diesen Faden gut verknoten.

5 Nähe auf beiden Seiten der Rolle, nicht weit von der Nase entfernt, für die Hundeohren je einen alten Fäustling leicht gerafft mit ein paar Stichen an.

6 Schneide ein Herzmuster mithilfe der Vorlage auf Seite 126 zu und verwende es als Modell für ein paar Herzen, die du aus Stoffresten ausschneidest.

7 Nähe die Herzen mit einem Wollfaden auf die Rolle. Verknote dazu das Ende des Fadens und stich in den Strumpf. Stich die Nadel am Rand von der Rückseite durch das Herz und dann zurück in den Strumpf. Das Herz auf diese Weise rundum annähen und am Ende einen Knoten machen.

8 Nähe die Knöpfe als Augen auf die Rolle. Nimm einen Stoffstreifen oder benutze ein Band und knote es als Halsband um den Nacken des Hundes.

34 Wäscheklammer-Puppen

Material
- Sturmwäscheklammern
- Filzstifte in verschiedenen Farben
- Stoffreste
- Wolle
- Holzleim
- Schere

Sturmwäscheklammern aus Holz haben die perfekte Größe und Form, um daraus kleine Puppen zu machen, die mit Stoffresten und Wolle bekleidet werden. Indem du verschiedene Kleiderstile kreierst, verleihst du jeder einzelnen Puppe einen individuellen Charakter. Füge Bandstückchen oder Knöpfe als weitere Dekoration hinzu und fertige auch ein paar passende Männer dazu an. Das Puppenhaus von Seite 42 wäre sicher eine hübsche Bleibe für die Puppenfamilie.

1 Mit Filzstift Gesichter auf die Klammern malen, die so liegen, dass die beiden Hälften wie Beine aussehen.

2 Für das Kleid der Puppendamen misst du ein Stoffrechteck von 8 cm x 20 cm ab und schneidest es aus. Lege es um die Klammer, raff es ein bisschen, sodass daraus ein Rock entsteht. Binde einen Wollfaden um den oberen Teil, damit er hält und verknote den Faden auf der Rückseite.

3 Winde vom oberen Rockrand an bis zum Kopf einen Wollfaden um die Klammer und befestige ihn im Rücken mit einem Tropfen Leim. Eventuell musst du den Faden so lange andrücken, bis der Leim trocken ist.

4 Für die Haare schlingst du einen Wollfaden ein paar Mal um deine Finger.

5 Die so entstandene Schlaufe in der Mitte mit einem kurzen Faden zusammenbinden und die Enden abschneiden. Schneide die Schlaufen auf, damit du einzelne Haarsträhnen erhältst.

6 Klebe die Haare so auf den Kopf, dass man das Gesicht sieht.

7 Winde bei den Männerpuppen Wolle von der Hüfte an abwärts um die Klammer. Klebe den Anfang des Fadens mit einem Tropfen Leim fest. Winde die Wolle oben um die ganze Klammer und dann um die eine Hälfte bis zum Fuß. Das Fadenende festkleben. Die Wolle um die andere Klammerhälfte winden und auch dieses Fadenende festkleben.

8 Für die Haare der zwei Männerpuppen schneidest du einfach ein paar kurze Wollstückchen ab und klebst sie rund um den Kopf auf. Zum Schluss bindest du eine Wollschleife um den Hals der Herren und eine um die Taille der Damen.

35 Stricklieselblume

Mit der Strickliesel kannst du ohne Nadeln stricken lernen. Stricklieseln findest du in Woll- und Kurzwarengeschäften. Als Alternative kannst du dir aus einer Garnrolle und vier Pinnnadeln selbst eine machen. Die Technik sieht zwar kompliziert aus, ist aber sehr einfach, wenn du sie verstanden hast. Es entsteht ein Strickschlauch, aus dem du alles Mögliche machen kannst. Fertige zwei von diesen Blumen an und nähe sie auf ein Paar Hausschuhe oder verwende eine Blume als Brosche für eine Tasche oder einem Hut.

Material

- Wolle in Rosa und Gelb
- hölzerne Garnrolle
- 4 Pinnnadeln
- Schere
- Nadel, mit der die Wolle über die Pinnnadeln gezogen wird (eine Stricknadel ist ideal)
- Knopf

1 Für deine Strickliesel nimmst du eine Garnrolle aus Holz und steckst in gleichmäßigem Abstand oben vier Pinnnadeln hinein.

2 Nimm den Wollfaden und stecke das Ende von oben, dort wo die Pinnnadeln sind, durch das Loch in der Mitte der Garnrolle. Wenn das Ende des Fadens unten herauskommt, halte es mit der linken Hand fest.

3 Schlinge die Wolle um jede einzelne der vier Pinnnadeln und drehe die Stricknadel dabei im Uhrzeigersinn.

4 Lege den Wollfaden an die Vorderseite der ersten Pinnnadel über die erste Schlaufe. Stecke die Stricknadel in die untere Schlaufe, ziehe diese zuerst über den darüber liegenden Faden und dann über die Pinnnadel. Lege den Wollfaden weiter um die Vorderseite der folgenden Pinnnadel, über die erste Schlaufe, zieh diese über den Faden und dann über die Pinnnadel. Bei jeder Pinne so weiter verfahren, dabei vorsichtig am Faden in deiner linken Hand ziehen, sodass das Strickteil durch das Loch befördert wird.

5 Bis zu einer Länge von etwa 20 cm so weiterstricken. Zieh das Strickteil kontinuierlich durch das Loch, aber sei vorsichtig, wenn du zu stark ziehst, dehnt es sich.

6 Zum Schluss nimmst du die Schlaufe mit der Stricknadel von einer der Pinnnadeln und ziehst sie im Uhrzeigersinn auf die folgende. Nimm die untere Schlaufe von dieser Pinnnadel auf und hebe sie im Uhrzeigersinn über die folgende. So lange wiederholen, bis nur noch eine Schlaufe auf einer der Pinnnadeln übrig bleibt. Zieh die letzte Schlaufe von der Pinnnadel ab und zieh den Faden hindurch, den du danach verknotest. Nimm das ganze Strickteil aus der Strickliesel und schneide die losen Enden beidseitig kurz ab.

7 Bilde aus dem Strickschlauch fünf gleich große Blütenblätter. Jedes mit Wolle und einem Stich in der Mitte festnähen, damit du die Blütenform erhältst. Verknote den Faden, sodass die Blüte nicht auseinanderfällt.

8 Winde einen andersfarbigen Faden mehrmals um deine Finger. Je mehr Schlaufen du machst, desto dichter, je weniger Schlaufen du machst, desto lockerer wird die Blütenmitte.

9 Schneide den Faden ab und ziehe die Schlaufen vorsichtig von deinen Fingern. Binde ein Stückchen Wolle um die Mitte des Fadenbündels und mache einen Knoten.

10 Nähe das Fadenbündel mit Nadel und Faden in die Mitte der Strickblume und setze noch einen Knopf darauf. Nähe oder klebe deine Blüte oben auf einen Hausschuh, und fertige eine zweite für den anderen Schuh an.

Vorlagen

Pause die Vorlagen auf den folgenden Seiten ab, damit du die Modelle für die Arbeiten erhältst.

Früchte

Masken

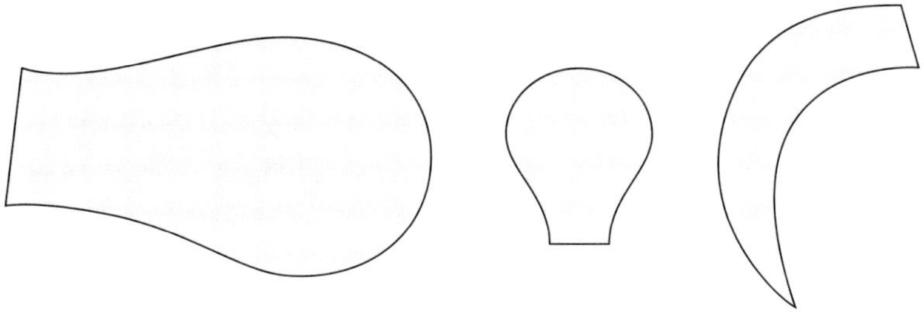

Jonglier-Tiere – Hund

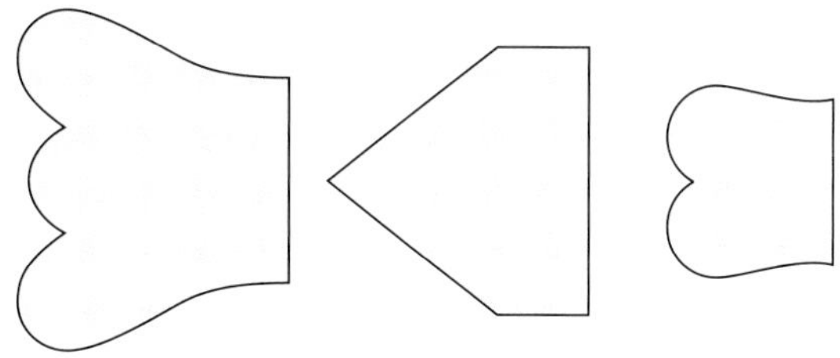

Jonglier-Tiere – Huhn

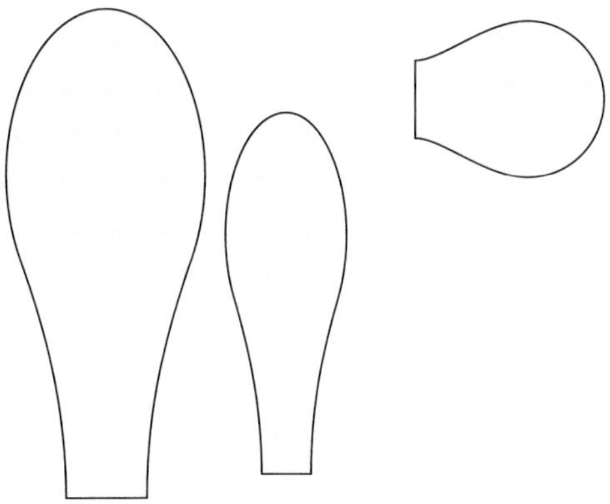

Jonglier-Tiere – Hase

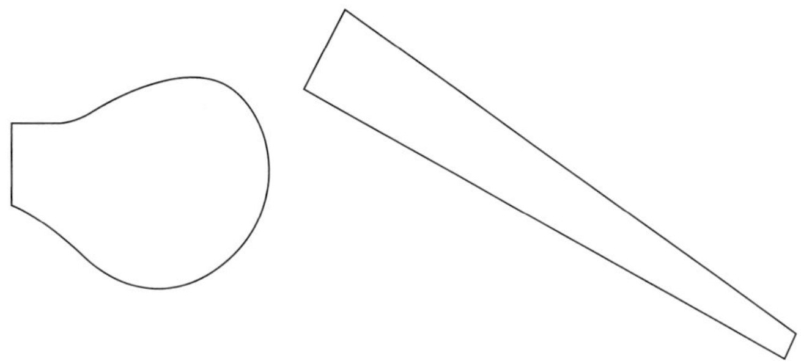

Jonglier-Tiere – Maus

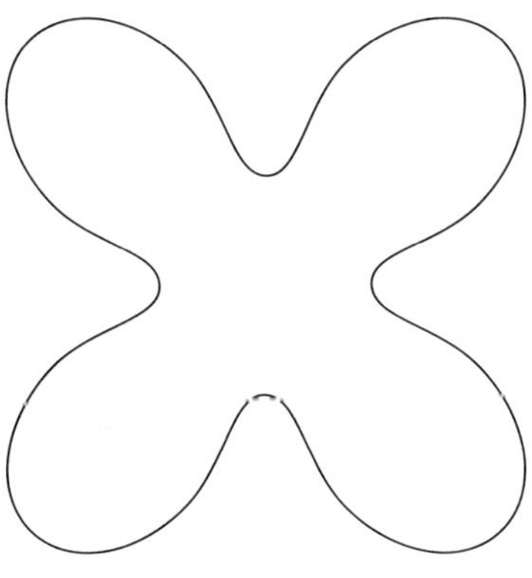

Gefilzte Tasche

Stoffblumen-Brosche

Fee aus getrockneten Blumen

T-Shirt-Handpuppen

Hund als Zugluftstopper – Herz

INDEX

Apfeldruck 65–67

Bänder 13
Blumen
  gestrickte 122/123
  getrocknete 90
  Seidenpapier 47–49
Broschen
  Stoffblume 102, 125
  Salzteig 30/31
Buchstaben, Salzteig 17

Faden 9
Farben 8
  für Salzteig 17
  für Stoffe 65–67
Feen, getrocknete Blumen 90
Filz, Perlen 71
Freundschaftsbänder 109/110

Gefilzte Tasche 72, 125
Gemüse und Früchte 13, 87–89

Handpuppen, T-Shirt 74/75
Handschuh-Monster 101
Holz, Zweige, Treibholz 13, 94, 96

Jonglier-Stoffsäckchen 62, 125

Kartoffeldruck 65–67
Klebestift 8
Klebstoff
  Holzleim 8
  Mehl- und Wasserpaste 40
Knöpfe 13, 74
  Nähen 10
Korken-Tiere 55–57
Kürbis-Tiere 87–89

Landhäuschen, bemalte Steine 92
Lebensmittelfarben 78

Malpinsel 8
Materialien 8–13
Möbel, für Puppenhaus 44/45

Nadel und Faden 9
Nähen 10

Natürliche Materialien 13, 78–97
  Bemalte Steine 92
  Eierschalen-Mosaikspiegel 78
  Feen aus getrockneten Blumen 90
  Kürbis-Tiere 87–89
  Tannenzapfen-Tiere 84/85
  Treibholz-Boote 97
  Treibholz-Spiel 94
  Walnuss-Babys 81/82

Obst 13, 87–99
  Apfeldruck 65–67
  für Naturtinten 34/35
  Salzteig 27–29

Papier 12
  für Mobile 68/69
Pappmaché 34–51
  Masken 40/41, 124
  Schälchen 36–39
Pappsandalen 50/51
Perlen 81/82
  Salzteig 22/23
Plastiktüten, Flagge und Wimpel 59–61
Puppen
  Wäscheklammern 117/118
  Walnuss-Babys 81/82
Puppenhaus 43–45
PVA-Kleber 8

Recycling 54–75
  Filzperlen 71
  Flagge und Wimpel 59–61
  Gefilzte Tasche 72
  Jonglier-Tiere 62, 125
  Kartoffeldruck-T-Shirts 65–67
  Korken-Tiere 55–57
  Mobile 68/69
  T-Shirt-Handpuppen 74/75
Rolle, Hund – Zugluftstopper 113/114

Salzteig 15–31
  Buchstaben 17
  Brosche 30/31
  Früchte 27–29
  Perlen 22/23
  Spielteig 24/25
  Teeservice 19–21

Samen, Tannenzapfen, Blätter 13, 84/85
Sandalen, Pappe 50/51
Schachteln 12
  Puppenhaus 43–45
Schere 9
Spielteig 24/25
Steine und Kiesel 13
  bemalt 92
Stoffe 13
Stoffsäckchen 62
Stricklieselblume 121–123

Teeservice, Salzteig 19–21
Textilarbeiten 100–123
  Blumenbrosche 102
  Freundschaftsbänder 109/110
  Handschuh-Geschöpfe 101
  Luftzugstopper 113/114
  Pompon-Raupe 105–107
  Stricken mit Strickpuppe 121–123
  Wäscheklammer-Puppen 117/118

Textilfarben 65–67
Tiere
  Handschuh 101
  Jonglieren 62, 125
  Tannenzapfen 84/85
  Korken 55–57
  Kürbis 87–89
  Raupe 105–107
  Tannenzapfen 84/85
Tinten
  natürlich 34/35
  unsichtbar 35
T-Shirts
  bedruckt 65–67
  für Handpuppen 74/75

Überwendlingsstich 10

Vorlagen 124–126
Vorstich 10

Wäscheklammer-Puppen 117/118
Wollstrumpfhose, gefilzt 72

Zeitungspapier 12, 37

DANKSAGUNG

Zuallererst möchte ich Debbie Patterson für die wundervollen Fotos danken. Ihre Kreativität, ihr Blick fürs Detail und ihr Einfallsreichtum haben zur Entstehung dieses Buches beigetragen. Danke auch an Finn, Ethan und Jad, dass ihr mir eure Mutter einige lange Wochenenden überlassen habt.

Mein Dank geht an unsere wunderbaren Models: Chloe Allan, Isobel Edwards, Akalia Cox, Amber Seddon, Gracie und Betty Dahl und Tilda und Erin van Petegem. Eure harte Arbeit, eure Begeisterung und Geduld beim Fotoshooting waren fantastisch.

Ich danke Robin Gurdon, der ein sehr einfühlsamer und aufmerksamer Lektor war, und Liz Sephton für das tolle Design. Ich danke Cindy Richards, Sally Powell und Pete Jorgensen beim CICO-Verlag, die mir die Gelegenheit gaben, dieses Buch zu machen, sowie für ihre Unterstützung und Organisation.

Danke Joy und Daniel Dahl für eure Hilfe. Danke Laurie für alles. Dieses Buch wäre nie entstanden ohne den Einsatz von Gracie und Betty, deren Kreativität und Fantasie grenzenlos sind. Danke ihr Lieben.